ゴルフのスコアは
お金で買える。
たかが、芸を習得する
ことではない。
パターを沢山買うことではない。
先生にお金をかけることだ。

中部銀次郎

あき
ひろ

この本は、
3人のために
書きました。

1
名刺は増えているのに、
チャンスがつかめない人。

2
セミナーに行ってるのに、
収入が増えない人。

3
いつも「今度、何か一緒に」で、
終わってしまっている人。

01

プロローグ

出会いとは、そこから何かをつかみ取ることだ。

会った人からは、小さくてもいいから1つでも何かをつかみ取ることが大切です。

今日、○○さんに会いました→名刺交換しました→あとでお礼メールを送りましたというだけでは、「出会い」とは言いません。

中谷塾では、その日に初めて来た人がいると紹介のために質問をします。

たとえば、郵便局で働いている人が初めて来ました。

そこで、「郵便局で働く時にこういう対応されると嬉しいなということが何かありますか」と聞きました。

その人は、「フルネームを自筆で書いてもらう場合があるんです。その時に『書かなくちゃダメなの？』と言う人がいるんですけど、気持ちよく書いてくれる人は嬉しいですね」と言っていました。

面倒な時に誰もがつい言ってしまうことです。

電力会社で働いている人が来た時は、「電柱に上るコツは何？」と聞くと、「命綱を信じることです」と即答されました。

腰にロープの輪っかをかけて作業をするそうです。

その輪っかを信じないと落ちます。

輪っかに体重をかけるから落ちないでいられるのです。

信じていないと、体重がかかりきらずに落ちてしまうのです。

これは、ＮＨＫの「プロフェッショナル」の締めの言葉で使えたり、ポンと音が鳴るぐらいの深い話です。

こういう話を聞くのが、その人に会ったということです。

ほとんどの人が名刺交換をして、職業を聞いて終わります。

それでは、会ったことにはなりません。

あらゆる仕事にコツがあり、その職業の人に愛される人がいて、愛されない人がいます。

せっかく出会ったのなら、「へえ、そんな仕事があるんだ」だけでなく、そこからさらに踏み込んで、仕事のコツと好かれる人・嫌われる人を聞いて、初めてそれを自分のことにも生かせるのです。

私は本を書く仕事をしているので、そういう話を聞くだけでひとネタ書けます。
何か珍しい職業の人に会った時は、まず仕事のコツを聞くことです。
たとえ同じホテルのフロントマン同士でも、言うことは1人1人みんな違います。
これがいいのです。
その答え方で相手のキャラクターがわかります。
それを話す時に、相手の人となりも出てきます。
職業についての説明を聞くより、その人の人生観を聞くのです。
「電柱に上る時に一番大切なことは何?」と聞いた時に、「命綱を信じること」と即答されると、「この人はプロだな」と感じます。年齢は関係ありません。

そこで「いろいろありますよ」と言われると、この人にあまり深くツッコんでも何も出てこないなと感じます。

私は「なんで本のネタがなくならないんですか」と聞かれることがあります。

それは、出会いから常に何かをつかんでいるからです。

すべてネタになります。

私は本を書くので印税で回収できて、普通の仕事の人は回収できないということはありません。

「この間、電柱に上る人に会って話を聞いたら……」と話すことで、「この人の雑談は面白いな」となるのです。

そうすると、その人は稼げるように変わります。

あらゆる出会いから学ぶことによって、ネタはなくならないのです。

人生のステージがアップする具体例 01

会った人から、愛されるコツを聞こう。

「人脈」を「お金」にかえる勉強

人生のステージがアップする52の具体例

人生のステージがアップする52の具体例

01 会った人から、愛されるコツを聞こう。
02 道具より、先生にお金をかけよう。
03 学ぶことで、回し車を抜け出そう。
04 代行してもらうより、勉強しよう。
05 人の役に立つことをしよう。
06 勉強を通して、出会おう。
07 結果よりも、プロセスを共有しよう。
08 新作の学びをしよう。
09 最初に安いセミナーを受けるより、最初に高いセミナーを受けよう。
10 試作品をつくろう。
11 ボツのあとに、リトライしよう。

「人脈」を「お金」にかえる勉強　目次

Chapter 2

紹介状より、試作品からいい出会いが生まれる。

Chapter 3

稼げる人は、相手にとって価値あるものを提供している。

Chapter 4 稼ぐ人はいいメンターに出会える人。

Chapter 5

稼げる人は「勉強になりました」で、終わらない。

Chapter 1

出会いをチャンスにかえる勉強術。

02

スコアは、お金で買える。

塾生の森君は、塾に来て出世してタイの研究所の役員になりました。
塾生みんなが「まさかあの男が役員になるとは」とびっくりしたくらいです。
役員になると、現地へ行っていろいろな人と仕事でゴルフをする機会があります。
森君は、今までゴルフをしたことがありませんでした。
そこで、「ゴルフが上手になるにはどうしたらいいですか」と社長に聞きました。
社長のアドバイスは冴えていてさすがです。
「スコアはカネで買えるよ」と言われたそうです。
ズルいことをしろということではありません。

本当の意味は、「うまくなりたかったらお金をかけなさい」ということです。

この時、「なるほど、お金をかければいいんだ。やっぱり道具だな」と、道具にお金をかける人がいます。

森君は、塾に来ていた成果がここで出ました。

「スコアはお金で買えるのか。なるほど」と、20回分のレッスンチケットを即買ったのです。

ゴルフは一番わかりやすい例です。

ゴルフがうまくならない時に、レッスンチケットを20枚買う人と、コーチに習わないでパターを20本買う人の2通りに分かれるのです。

たしかにいい道具はたくさんあります。

道具を買ってスコアが上がった人は、ゴルフは1つもうまくなっていません。

道具の力だけでスコアがよくなったのです。

自分の体にテクニックを入れた人は、道具の優劣に関係なく、自分の中にスコアが入ります。

これが稼ぐ力です。
道具を仕入れて稼ぐのではなく、自分の中にテクニックを入れるのです。
それが、先生にお金を払って教わるということなのです。

社会に出てから学ぶことが、子どもの時に学校で学ぶことと違うのは、学んだことで稼げるようになることです。

「稼ぐ」とは、誰か人のためになる、社会の役に立つということです。
社会の役に立つことをした結果として稼げるのです。
「稼ぐこと」イコール「悪」ではないのです。

人生のステージがアップする具体例

02

道具より、先生にお金をかけよう。

03 出会いで、ハムスターは、昇り竜になる。

人生でヘトヘトになっている人は、ハムスターが回し車の中をまわっている状態です。

回し車は、どんなに頑張っても場所は変わりません。

本人が疲れるだけです。

昇り竜は、らせん状に上がります。

ハムスターと昇り竜は、違います。

1周すると昇り竜のらせんは1ミリでも上に上がっています。

回し車は、どんなに速いスピードでまわろうが、1周すると同じ場所にいます。

円とらせんの違いは、回転した時に1ミリ上に上がっているかどうかです。

人間は、学ぶことで1ミリ上に上がれます。

出会いから学びが生まれるのです。

究極は、人間は誰と出会ったかで決まります。

学ぶということは、出会った人にしがみついて、その人から何かをつかんで自分が生まれ変わることです。


「頑張っても頑張ってもうまくいかないんだ」と言う人は、出会いから学ぶことによって、回し車を抜け出せます。

ハムスター的な生き方から、昇り竜の生き方に変われるのです。

人生のステージがアップする具体例 03

学ぶことで、回し車を抜け出そう。

04

代行は、ラクだけど、身につかない。勉強は、大変だけど、身につく。

「代行」と「勉強」は、大きく違います。

中谷塾で、「オーダーメードでスーツをつくることを教えてください」という依頼が来ました。

実際に私が本人と一緒にスーツのオーダーをするところへ行きます。

その先は、選択肢が2つあります。
①「私が本人のかわりに全部オーダーしてあげる」方法です。
本人は立って採寸だけすればいいというパターンです。
②「本人が自分でオーダーをする」方法です。

ギリギリいっぱいのところで私がアドバイスをするというパターンです。

前者が代行で、後者が勉強です。

代行のメリットは、ラクなことです。

ただし、身につきません。

勉強は、リスクがあり、大変です。

そのかわり、身につきます。

「どちらがいい？」と聞くと、彼は「勉強でお願いします」と言いました。

本当の意味での勉強と、勉強のような形の代行を求めている人と2通りに分かれるのです。


先生も分かれます。

たとえば、ハウスキーピングも、部屋の片づけをかわりにしてくれる人と部屋の片づけ方を教えてくれる人と2通りいます。

代行のほうが、依頼者は10倍います。

代行をする業者さんも10倍います。
稼げる人になるかどうかは、代行と勉強のどちらを選ぶかで決まるのです。

人生のステージがアップする具体例 04

代行してもらうより、勉強しよう。

05

家族に注ぐ愛情を、社会に注ごう。

子どもが大人になっていく過程は、３つの大きな時期に分かれます。
その3つの時期は、学ぶべきことと学ぶべき相手が違います。
0歳から6歳は、コンピュータで言うと、基本ハードを入れる時期です。
7歳から14歳は、基本ソフトを入れる時期です。
15歳から成人は、応用ソフトを入れる時期です。
基本ハードは、母親から習います。
基本ソフトは、父親から習います。
応用ソフトは、父母以外の信頼できる大人から習います。

母親からは、ハグをしてもらうことによって「愛情」を学びます。「愛されている」という安心感をインプットするのです。

父親からは、一緒に遊ぶことによって「ふれあい」を学びます。

第3段階の応用ソフトを入れる時期には、父母以外の大人から3つのことを学びます。

1番目は、自分が今まで知らなかったことに出くわした時に、その障害をどう乗り越えていくかという対応力です。

2番目は、自分の欲望をどれだけ抑制できるかです。

3番目は、ほかの人に優しくしてあげるという親切心です。

今までは「優しくしてもらう」だったのが、ここで初めて「優しくしてあげる」になります。

意識が、自分と家族だけでなく、他者と社会を考えるように変わるのです。

稼げる人になるためには、この段階が必要です。

「私をかわいがって」「私を愛して」という意識では、お金を使うばかりで、稼ぐことはできません。

家族だけを見るのではなく、人の役に立ったり、人に親切にしてあげることが必要です。

「家族の外側に社会があって、親を大切にするように、社会の人たちも大切にしなければいけない」という意識を持つ人が、稼げるようになるのです。

人生のステージがアップする具体例

05

人の役に立つことをしよう。

06 仲間が生まれるのは、①勉強、②仕事。

遊びの場に出会いはありません。
なんとなく遊びの場で出会いがあると勘違いする人が多いのです。
実際は、クラブに行っても出会いはありません。
クラブで出会いたければ、黒服になるほうが勝ちです。
女性たちは黒服目当てです。
クラブでナンパしている人は、そのロジックに気づいていません。
黒服になれば、キャバクラの女性と仲良くなれるし、給料ももらえます。
仕事をするということは、インサイドに入れるということです。

遊びはアウトサイドです。

いわゆるお客様であり、カモです。

キャバクラの女性は、何をプレゼントされても、相手をお客様として見ています。

イニシアチブはキャバクラの女性にあるのです。

黒服になれば、新人でもキャバクラで働く女性に対してイニシアチブをとれます。

これが働くことのメリットです。

お客様として出会ってしまうと、恋愛関係にも仕事のパートナーにも発展しないのです。


恋人同士で、一方は勉強していて、一方は勉強していないというケースは、たいてい別れることになります。

司法試験を一緒に勉強している人同士がつき合うパターンが多いのです。

同じ方向を目指して勉強していると、シンパシーが湧いてくるのは当然です。

勉強している者同士、仕事をしている者同士が仲良くなるのです。

人生のステージがアップする具体例

06

勉強を通して、出会おう。

高校時代の文化祭でカップルができるのと同じです。

文化祭は一種の疑似仕事です。

その中でケンカがあり、締切があり、息詰まるような事態が起こる中で、なんとなく「あの人、いいな」と思えてくるのです。

仕事と勉強は、その人を生き生きとさせます。

遊びでは、どんなにきれいに見せていても本当の魅力は出ません。

仕事をしている時は、美人でも美人でなくても、すべての人にチャンスは与えられます。

すべての人が、カッコいいのです。

07

プロセスを共有すると、仲良くなる。

結果の共有からは、出会いは生まれません。
結果の共有は、「稼いで山分け」ということです。
利益を配分しようとすると、仲間割れしか起こりません。
「あいつのほうが多い」ということになります。
半々なら半々で、「なんで半々なの」と文句を言われるのです。

人間は、プロセスを共有することで仲良くなります。

一緒に何かをつくるプロセスで、アクシデント、トラブル、ハプニングが起こります。

その中で初めて絆が生まれます。

お化け屋敷に一緒に入ると仲良くなるのも、プロセスの共有です。

ジェットコースターに一緒に乗ると仲良くなるのは、恐怖が人を結びつけているからです。

快楽が人を結びつけることはありません。

一緒に恐怖をくぐり抜けてきたことで、相手との共感が湧いてきます。

山分けでは出会いにならないのです。


中谷塾の遠足塾でバーベキューに行きました。

隣で4対4の男女がバーベキューをしていました。

これがまったく盛り上がっていません。

横にいて、気になってしようがないのです。

原因は、男性がいいところを見せようとして、女性に何も仕事をさせていなかったことです。
バーベキューに行って仕事がないと、退屈です。
その結果、女性4人はかたまって、スマホを見ているのです。
もはやバーベキューではありません。
バーベキューは「みんなで何かしている感」が楽しいのです。
「こっちで全部するから、何もしなくていいよ」という形では出会いになりません。
野球でベンチにいるようなものです。
誰しも自分の守備位置が欲しいのです。
稼げる人は、仕事を相手に振って、自分も引き受けているのです。

人生のステージがアップする具体例

07

結果よりも、プロセスを共有しよう。

Chapter 2

紹介状より、試作品から
いい出会いが生まれる。

08

出会うとは、レンタルビデオ店が、新作を入れるということだ。

新作のないレンタルビデオ店では、誰も借りません。
ところが、これには負のスパイラルがあります。
お客様がいないと新作を仕入れられなくなります。
ますますお客様が来なくなります。

お客様が来るレンタルビデオ店は、新作を仕入れます。
それによって、お客様がますます来ます。
新作を入れるということが、出会いであり学ぶことなのです。

「もう勉強しましたからいいです」と言う人は、旧作ばかり並んでいるレンタルビデオ店と同じです。

そうなると、「お客様は来ない」→「商売にならない」→「稼ぎにならない」という負の循環が生まれるのです。

人生のステージがアップする具体例

08

新作の学びをしよう。

09

最初に受けたセミナーで、受け方が決まる。

セミナーには、料金の安いものから高いものまでいろいろあります。

受講者のテンションも、高い人と低い人がいます。

セミナーの金額が高いものは受講者のテンションが高く、セミナーの金額が安いものはテンションが低いのです。

クレームが多いのは、料金の安いセミナーです。

一見、金額が高いセミナーのほうが「中身が伴っていないじゃないか」というクレームがあるように思います。

金額が高いセミナーほど、クレームがないのです。

金額の高いセミナーに来る人は、もともとモチベーションが高く、準備をして、課題も持って来ます。

モトをとろうと真剣に聞いて多くのものを得て帰るので、結果として満足度が高くなるのです。

金額が安いセミナーに来る人は、イージーに行ってしまいます。

そうすると、得るものが小さくなるのです。

金額が高いセミナーに遅刻をする人はいません。

金額が安いセミナーには、途中から参加する人がいます。

最初から話を聞いていない人は、話のつながりがわからないので「よくわからなかった」という感想になります。

参加の仕方も、遅刻5分ではなく、セミナー時間の半分以上遅れます。

それでもクレームを言うのです。

究極、無料のセミナーは一番クレームが多いのです。

たとえば、90分の予定の無料セミナーが45分で終わってしまいました。

実際にそのセミナーに行ったある受講者は、「ふざけるな」と怒っていました。

無料のセミナーは、開催している側も「もともと無料なんだから、90分を45分にしてもいいいじゃないか」と、テンションが下がっています。

それでは、セミナーを受ける側は損した気分になります。


ところが、高いセミナーでもローテンションで受ける人がいます。

同じ好きな先生のセミナーでも、安いセミナー、中ぐらいのセミナー、高いセミナーと分かれています。

その人は、初めに自分の好きな先生の一番安いセミナーから受けていたのです。

セミナーの受け方は、「見学」と「参加」に分かれます。

安いセミナーは、まわりも自分自身も比較的ブラッと聞きに行きます。

見学の姿勢で受けてしまうのです。

最初に安いセミナーを受けた人は、高いセミナーも見学の姿勢のままで行きます。

最初に高いセミナーから受けた人は、安いセミナーも同じぐらいモトをとろうという姿勢で参加します。

1人の先生のセミナーを選ぶ場合、最初に受けるセミナーでその人のモチベーションが決まってしまうのです。

最初に安いセミナーから様子を見て受ける人は、その出会いをお金にかえることはできません。

最初に高いセミナーから受けることで、より密度の濃いものを得られるのです。

人生のステージがアップする具体例

09

最初に安いセミナーを受けるより、最初に高いセミナーを受けよう。

10 紹介状より、試作品から出会いが生まれる。

『「人脈」を「お金」にかえる勉強』というこの本のタイトルを見て、紹介状のもらい方と勘違いする人がいます。

紹介状で物事がうまくいくと思っているのです。

私のところに来る人も、相変わらず「出版社を紹介してください」と言う人が多いのです。

プロの作家の中にも、そういう人がいます。

プロになっても、紹介から何かが生まれることはないことに、まだ気がついていないのです。

プロにも、長く続く人と続かない人とがいます。

「紹介では何も起こらない」と気づいている人が、プロとして長く続く人です。

そういう人は、その仕事で食べていけます。

シロウトは、「自分が本を出せないのは、紹介のツテがないからだ」と思い込んでいます。


紹介は、なんの意味もありません。

本来なら就活の時に気づかなければならないことです。

1人の政治家が紹介状を何百枚書いているかということです。

本を書きたいなら、紹介状よりも原稿を持って行きます。

紹介状を持って来る人は、たいてい原稿を持って来ません。

「原稿は？」と聞くと、「原稿は会って相談してから書きます。企画書はあるんですけど」と言うのです。

企画書だけでは意味がありません。

結局、原稿で判断されるからです。

出会いをお金に変えられるかどうかは、たまたま会った時に、企画書を持っているか原稿を持っているかで、大きく分かれます。


企画書よりも、まず、試作品です。


たとえ200ページ書けていなくてもいいのです。

それが売れる商品になるかどうか、その人と一緒に仕事をしようかどうかの判断は、50ページ見ればわかります。

企画書で判断してもらおうとする人は、その50ページがないのです。

稼げる人は、常に試作品を相手にぶつけられるように準備しておきます。

試作品ができないのは、紹介状を探しまわったり企画書を書くことにエネルギーと時間を奪われているからなのです。

人生のステージがアップする具体例

10

試作品をつくろう。

11 ボツのあとに、出会いがある。

「紹介してください」と言われて、紹介してあげます。

その人は紹介先に企画書を持って行きます。

その企画書がボツになります。

そのあと、なしのつぶてになることが多いのです。

紹介先の人は「ここをもう少しこうしたほうがいい。もう少し考え直して、また持ってきてください」と言って、直したものをまた持ってくるのを待っています。

稼げない人は、ボツになったあとのリトライがありません。

「この間の会社はボツになったので、また別の会社を紹介してもらえますか」と私に言ってくるのです。

そういう人には、いくら紹介してもムダです。

「ボツになったものを書き直して持っていく」という発想がないのです。

ショックなのは、待っている側です。

「ここを直してください」と言ったのに、二度とあらわれなくなります。

「あれはどうなったんだろう」ということになるのです。

稼げる人は、「アドバイスをいただいて、こういうふうに直しました」と、次の日に持って来ます。

「こいつ、しぶといな」と思われます。

そこからが出会いです。

リトライしないで別の紹介先に行こうとする人は、諦めが早いのです。

爽やかと言えば、爽やかな人です。

この人は出会いの解釈を間違っています。

ボツのあとに出会いがあるのです。

就活の採用活動が始まるエックスデーは公表されていません。

学生が企業に「会社訪問をしたいんですけど」と電話をかけると、「うちはまだ始まっていないので」と言われます。

ここで、それ以上電話をかけない学生と、次の日にまた電話をかける学生とに分かれます。

次の日に電話をかけると、「まだ始まっていません」と言われます。

「そうですか。わかりました。またかけます」と言って、また次の日にかけます。

電話をかける時は、毎回名前を名乗っています。

5回目に電話した時に、「○○大学の△△さんですね。今日来てください」と言われます。

その企業は、5回かけてきた人に会社訪問をさせる会社だったのです。

会社としては、そういう人を雇いたいのです。

これが面接です。

その人は採用されました。

1回しか電話をかけていない人は、「あそこはまだ始まってないらしい」と思っています。

一方で、友達は昨日行って内定をもらっています。

「あの会社はひどい」と言いますが、単に自分と友達の行動が違うだけです。

出会いを生かすには、1回ボツになっても、直してもう一度持っていける強さが必要です。

使い物にならない原稿でも、バッサリ直して、また持って行きます。

そうすれば、編集者に「この人は今は間違ったものばかり持って来るけど、少なくとも書き直す力はある。何かあった時に、この人とやってみよう」と思われます。

見せるものは、今のコンテンツではなく、書き直す力があるところなのです。

人生のステージがアップする具体例 11

ボツのあとに、リトライしよう。

12

一度に、たくさんの人と会おうとしない。1人ずつ会う人が、稼げる。

稼げない人はあせっているので、一度にたくさんの人と会おうとします。
いろいろな会に参加して、大勢集まっているところで名刺を配ります。
効率はいいですが、1人当たりの印象は薄くなるのです。
私は大勢集まるところは嫌いです。
1人とじっくり話すほうが出会いになります。
稼げない人は、大勢に名刺を配ることで満足します。
結局、覚えてもらえないし、連絡も来ません。
「もう一度会いたい」と思われないのです。

1人とじっくり話すことで、その人が持っている人脈ともつながれます。

それでいいのです。

一度にたくさんの人と会おうとする人は、「今度一緒にごはんを食べましょうか」と言うと、「じゃ、お互いにいろいろな人を呼びましょうよ」というめんどくさいことになるのです。

呼んだ人にも、また誰かを連れてくるように頼みます。

まったくテンションの合わない知らない人まで呼んでくるのです。


私は、会に所属するのは好きではありません。

あらゆる会合やクラブ組織には特性があります。

最初期の小人数の出会いが、一番楽しいのです。

そこには名刺交換はありません。

名刺交換が始まった瞬間、その会は面白くなくなります。

名刺交換が主の会になるのです。

あるところから、人数を増やそうという話が起こります。

最初は、最低限の条件として、入るためのハードルがありました。

そのハードルを全部取っ払って、門戸開放になるのです。

有名人と会うことが目的の人が、たくさん来ます。

名刺の次はパンフレットです。

その時点で、この会は崩壊するのです。

最初は勉強会で始まったものが、だんだん飲み会になっていきます。

これが会の宿命です。

これをどこかで踏ん張ったほうがいいのです。


私がある勉強会に呼ばれて行くと、そこは飲み会になっていました。

「皆さんの会は勉強会で始まって、講師として僕を呼んだと思うんだけど、今は完全に飲み会ですよ。なんの緊張感もない」と怒りました。

勉強会で、最初に講師が1時間話します。

後半が「懇親会」という名前の飲み会です。

出席者も、一部は勉強会のラスト10分に来ます。

主たる目的は、先生との名刺交換と飲み会になるのです。

その緊迫感のなさが伝わります。

これは私が言ってあげなければいけません。

このまま行くと、この会はただの飲み会になってしまいます。

ちゃんとした人は来なくなって、飲みたい人だけが集まる会になり下がります。

最初は、もっと高い志があったはずです。

こういうことは、勉強会で往々にして起こりがちです。

自分1人の時も、効率を考えて一度に大勢の人と会うよりも、1人ずつ会うほうが、結果として稼げる出会いになっていくのです。

人生のステージがアップする具体例
⑫
1人ずつ出会おう。

13 ホステスさんより、黒服さんと仲良くなる。

クラブに行った時に、ホステスさんと仲良くなろうとする人が多くいます。

これは間違いです。みんなが仲良くなりたがっている人以外の人と仲良くなるほうが、出会いになります。

クラブに行った時は、まずは黒服と仲良くなります。

全体を仕切っているのは黒服です。

女性の名前を覚えるよりも、黒服の名前を覚えたほうがいいのです。

京都の料亭でも、下足番の人と仲良くなります。

キャバクラに行く男性は、

① 女性とばかり話す男性
② 男同士で話す男性
という2通りに分かれます。
キャバクラでは、1人1人にかわいい女性がつきます。
男同士で話すだけなら、キャバクラに行く必要はまったくありません。
ところが、経営者の多くは、キャバクラで男同士で話しています。
女性とは、たまに話す程度です。
稼ぐ人はこういう所が違います。
かといって、女嫌いということではありません。
キャバクラは、そもそも男同士で仲良くなる場所です。
稼げない人は、それが理解できていません。
経営者が男同士で話している中で、女性とばかり話してチャンスを逃すのです。

人生のステージがアップする具体例 13
女性のいる席で、男同士仲良くなろう。

14 善意は、高くつく。

セミナーを開催するには場所代がかかるので、なかなか大変です。

場所代をケチると印象が悪くなって、集まる人も集まらなくなります、かと言って、いい場所を借りると場所代が高くなって、人は集まっても赤字になります。

万が一、人が集まらなければ、もっと赤字になります。

そんな時に、「タダで場所を貸してあげようか」と言う人が出てきます。

ありがたく使わせてもらうことにします。

ところが、セミナーの告知をする時に「せっかくだから、僕もひと言話させてくれる？」と言われるのです。

要は勧誘です。いわゆる「バックエンド」です。

セミナーの講師は「善意で貸してくれた」と勘違いしています。

場所を貸した側は「ここに人が集まることによって、自分の勧誘ができる」というメリットで考えています。

稼げない人は、「メリット」を「善意」と勘違いします。

これが一番しくじる出会いのパターンです。

「あなたに未公開株を譲ります」と言われた時に、「世の中には、いい人がいるものだな」と解釈するのです。

世の中には、悪い人もいないかわりに、いい人もいません。

あるのは、メリットとデメリットだけです。

タダで場所を貸すのは、それに見合うメリットがあるからなのです。

人生のステージがアップする具体例

14 メリットを善意と勘違いしない。

15 仲良しとコラボをすると、失敗する。

仕事において、共同経営をしたり、仲良しとコラボレーションをすることがあります。

共同経営はたいていの場合、失敗をします。

たとえば、友達同士や夫婦でビジネスを始めました。

それぞれが独立していた時はうまくいっていたのに、「一緒にやっていこうか」という形になった瞬間に、うまくいかなくなります。

仲良しや夫婦という関係では、一定の距離感が保てなくなるからです。

その瞬間に、相手に頼る関係になります。

本来のベン図は、最初は円と円が薄く交わります。

仲良しとのコラボレーションでは、放っておくと、どんどん交わりの部分が厚くなり、完全に重なってしまいます。

どちらかがもう片方の中に入る状態です。

責任を放棄して相手に委ねる形になるのです。

これは、最もコラボレーションの弱い形です。

他人同士なら、こういうことは起こりません。

うまくいくコラボレーションの交わりは、マックス3割までです。

3割を超えると、すぐに7割まで行きます。

7割から10割もあっという間に進みます。

3割の壁を超えなければいいのです。

3分の1以上は相手とかぶらないようにします。

どんなに仲良しの相手でも「他人とコラボしている」という割切りを持つことです。

これが、いい出会いがあって「一緒に何かビジネスをしましょう」という時に、失敗しないための大切な法則なのです。

人生のステージがアップする具体例

15

コラボをする相手とは、仲良しでも他人と割切る。

Chapter 3

稼げる人は、相手にとって価値あるものを提供している。

16

「出してください」と言う人を、メディアは使わない。

ビジネスで独立をすると、「雑誌やＴＶなどのメディアに出れば名前が売れてビジネスがうまくいく」と考えがちです。

そういう人からは、「どうしたら雑誌に出られますか」「どうしたらＴＶに出られますか」という質問が多くなります。

「出たい」と言う人は出してもらえないのが、メディアの１つの決まりごとです。

「本を書きたい」と言う人も、メディアには取り上げられません。

実際、自分から売込んでくる人にはコンテンツがないのです。

「ＴＶに出たい」「本を書きたい」「雑誌に載りたい」と言う人が全員ダメなのではあ

りません。

その中にも、コンテンツを持っている人はいます。ただ、今まで「出してくれ」と言う人の多くが、あまりにもコンテンツを持っていなかったのです。

そのため、最初から「出してください」と言うと、「この人はダメだな」と足切りされてしまうのです。

「どうしたらメディアの人と知り合えますか。中谷さん、メディアの人を紹介してください」という営業は、得策ではありません。

「最初からそういう営業をする人だ」と思われてしまいます。

その時間があるなら、いつ取材が来てもいいように、自分のコンテンツをつくっておくことです。

メディアは、自分が見つけた気になる対象を自分のメディアに載せたいのです。

自分から売込んでくる相手には、まったく興味を持たないのです。

人生のステージがアップする具体例

16 営業より、コンテンツをつくろう。

17 取材は、仕事と同じだ。相手の希望にそぐわなければ、ボツになる。

中谷塾に、英語の勉強法の本を書いている塾生がいます。

彼が「これからメディアに出ていったほうがいいと思うんですが」と言いました。

その時、私は「メディアに出ていくことは悪くないんだけど、まずは『出してくれ』と言わないことだよ」とアドバイスしました。

次に重要なのは、取材が来た時の準備をしておくことです。

彼に、「『英語の勉強法で、こうしたらいいというコツを教えてください』と取材された時はなんて答える？」と聞きました。

彼は「好きなことで英語を勉強すればいいのです」と答えました。

これでは、メディアとの出会いのチャンスをなくします。

取材は、商品をお店で買う行為とまったく同じです。

取材と売買行為の共通点は、「オーダーがあって、それに応えること」です。

私の「英語ができるようになるコツを教えてください」という質問は、実はオーダーではありません。

なんの雑誌で、TOEIC何点の読者かによって、質問に対する答えは変わります。TOEICで300点の人と、900点の壁が越えられないという人とでは、アドバイスが違います。

彼の答えは、「読者は誰で、その人は何に困っているか」ということを考えないで、自分が売りたいコンテンツだけを出しています。

たとえば、お客様が「すみません、服を下さい」とお店に来ました。

そのお客様に対して、「いい服が入りましたよ。今うちではこれが一番オススメです」と言うのはおかしいのです。

まず、誰に着せる服かを聞いていないからです。

ここで取材の応答に失敗するのです。

メディアに取材されて、「好きなことで勉強しなさい」と主張するのは、自分のメリットです。

相手が聞きたいのは、「今回の自分の雑誌の読者が求めていること」です。

これがメディア側のメリットです。


TV番組の取材であっても、かたい番組かバラエティーかによって求められることは違います。

私は、アイドルが出ているTV番組に解説者として呼ばれました。

最初に、ディレクターに「情報番組でいきますか。バラエティーでいきますか」と確認しました。

ディレクターは、「バラエティーです」と即答しました。

まわりにいたスタッフが「そうなんだ」とびっくりしていました。

みんなは情報番組だと思っていたのです。

ディレクターとしては「バラエティーでいこう」と決めていたわけです。

そこを聞いてあげることで、今メディアが求めていることがわかるのです。

自分がしたいことではなく、相手の希望にそぐうことをするのが、取材するメディアとの出会い方で一番大切なのです。

人生のステージがアップする具体例

17

自分のメリットより、メディアのメリットを考えよう。

18 取材には、誰がどういう悩みを抱えているかを聞いてから、答えを選ぶ。

取材された時に聞くべきことは、

① 誰が

② どういうことで一番悩んでいるか

の2つです。

これを聞いて初めて答えが出るのです。

自分が話したいことから話すのではなく、読者が今一番悩んでいることから話します。

そうすると、取材に来た人は最短の取材で使えるコメントを得られます。

私は20代のころ、取材マンが集めてきた原稿から最終原稿をつくるアンカーマンをしていました。

たくさんデータをとってきてくれても、使えない原稿は使えません。

「誰が何で一番悩んでいるか」を聞いて答えるというのは、あらゆる仕事に共通しています。

講演は、聞き手との交換行為です。

教育も、交換行為と同じです。

知識の交換をするからです。

私は講演をする時、「今日来られているのはどんな人ですか。その人たちは今一番何で困っていますか」と聞いて、その解決法を話します。

「今日来られている方はビジネスマンです」と言われただけでは、はっきりわかりません。

同じビジネスマンでも、現場のスタッフか、中間管理職か、経営者かでは、困っていることや私の作戦も違ってきます。

新入社員と社長さんでも、聞きたいことは違います。

ある講演会に「自分探しについてお話ししてください」と呼ばれました。

自分なりに「20代は失敗していいから、いろんなことをしてみなさい」と話をする想定で行きました。

現場に着くと、会場にいたのは全員70代でした。

「生涯教育での自分探しについて」がテーマだったのです。

この時は、想定していた話の内容を70代向けに変えました。

講演を聞きに来る人を事前に確認していないと、こういうことが起こるのです。

本を書く場合でも、私は「読者がどんな人でどういうことで一番困っているか」を聞いてから書きます。


あらゆる仕事は、占いと同じです。

占いは、相談があって答えるものです。

人生のステージがアップする具体例

18

自分が話したいことを、話さない。

自分の語りたいことを語る占い師さんはイヤです。

「結婚できますか」と聞きに行っているのに、「近々大地震がある」と言うのは、占い師さんが語りたいことを言っているだけです。

お客様が聞きたいこととは違います。

まず相手の悩みを聞くというのは、セールスでも同じです。

勉強でも、「この生徒はどこが一番わからないのか」ということをきちんと探り出して答えてあげるのが先生です。

上司の場合は、「部下がどこで今行き詰まっているのか」ということに気づいてあげる必要があるのです。

19 よくある3つの悩みの相手別の答えを用意する。

準備は、取材が来てからするのでは間に合いません。

自分が何か専門の仕事をしている場合は、よくある質問の答えを考えます。

よくある悩み、三大悩みだけで90％解決できます。

事前に三大悩みを想定すればいいのです。

その三大悩みに対して、「20代の人か50代の人か」「仕事をしている人か学生か」「男性か女性か」と、それぞれターゲット別に答えを用意します。

同じ恋愛のアドバイスでも、男性と女性とでは答えが違います。

メディアの人と出会った時、その場限りで終わらせず、「今後もまた何かある時はお願いします」と言われる関係になるためには、「この人に聞くと、必ず使えるコメントがとれる」という印象を与えることです。

これがコメント力です。

コメントで大切なのは、「ほかの人と、かぶらないこと」です。

そのためには、ほかの人が言いそうなことを頭の中に思い浮かべることです。

自分と同業の人がいる時は、その人とかぶらないように注意します。

自分より有名な人とかぶると、自分のコメントは使われません。

それなのに、ほとんどの人が、自分の同業で有名な人の本を読んでいてそれとかぶった意見を言います。

そうすると、「○○先生と同じコメントで、ファンなんだな」と思われて、取材の人は来なくなります。

「この人のところに行っても、あの先生のところに行くのと同じだから」と、取材対象からはずされるのです。

有名な人と有名でない人が同じコメントを言った場合、メディアは有名な人のコメントを使います。それがメディア側の価値だからです。

まず、有名な人はそれぞれ何を言うか考えて、自分はそれと違うことを言えばいいのです。

「得々と語っているけど、それは誰でも言うことだな」と思われるコメントは言わないことです。

「一応ほかの人が言ったことも自分は言っておかないといけない」と考えるのは、無意味です。

私は取材を受ける時、相手が全部使える言葉のみを言います。

取材に来た人は、一生懸命メモをとったり、録音したものはテープ起こしをします。ムダなコメントを言えば、ムダな字を書いたり、ムダなテープ起こしをすることになります。

それよりは、5分でもちゃんと使える原稿になるように、「ほかに誰のところに行くの？」と聞きます。

取材対象が1人だけではない時があるからです。

「秋元康さんのところに行きます」「テリー伊藤さんところに行きます」という場合は、「秋元康さんはこう言うでしょう」「テリー伊藤さんはこう答えるでしょう」と私が言います。

「そうなると、私は2人とは違う角度からコメントしようか」と提案して、自分の答えを言います。

テリー伊藤さんも、私と同じことをしています。

テリーさんはTVに出ている時、ゲストよりもあとに話して、先のコメンテーターとは逆のアングルでコメントします。

テリーさんはTVマンなので、「編集上、対立する意見があったほうが面白いだろう」と考えて、逆の意見を出します。

メディアでは、誰ともかぶらない意見を言えることが大切なのです。

人生のステージがアップする具体例 19

ほかの人とかぶらない意見を言おう。

20

相手にとって価値のあるものが、コンテンツだ。

塾の竹虎君は、独立して経営コンサルタントを始めました。

すぐには仕事が来ないので、私は彼に「食べていけなくてアルバイトをするなら、アルバイト先は、将来その企業のコンサルティングをしたいところにしなさい」と言いました。

そうすれば、ボストンが来ようが、マッキンゼーが来ようが、そこで働いていたという人はいないので差をつけられます。

「自分は実際この現場で働いていた」という経験は強みになります。

「その企業のＣＥＯが現場をまわってきた時は、改善案をいつでもポケットから出せるように持っておくように」とアドバイスすると、彼はスタバで働き始めました。

将来スタバのコンサルティングをやりたいと思ったからです。

すると、面白いことに、雑誌の「スタバ特集」で彼に取材が来たのです。

彼のコメントは実際に雑誌に載りました。

本人はいたく反省していて、「先生に聞いていたのに、僕の準備が足りなくて、スタバで働いている人間でなくても言えるコメントしかできませんでした」と、その雑誌を見せてくれました。

記事を見ると、スタバのインサイドで働いていることを生かさないで、スタバファンとしてのコメントになっていました。

スタバを好きな気持ちが前面に出るというのは、お客様と同じアングルです。

取材者との出会いは、大きく分けると、
①（梅）ボツ
②（竹）1時間話して5行ぐらい使われる

③（松）またお願いされる

の3通りに分かれます。

竹は、その後二度と取材されることはありません。

松は、「この人、面白い」「何か面白いことを言ってくれる」とその後も取材に来てもらえます。

「面白い」とは、「ほかの人が言わないことを言う」です。

取材する側の人間は効率よくまわりたいのです。

同じことを言う人のところに行ってボツにした体験が1回あると、「あそこに行くとムダ足になる」と思って行かなくなります。

出会いで大切なのは、自分が相手に価値を与えることです。

「私、コンテンツを持っています」と言っても、相手にとって価値のあるコンテンツである必要があります。

「これ、絶対面白いから本にしたい」と思っても、読者にとって価値のあるものでなければ意味がありません。

価値とは、

① 小さな悩みを解決すること

② 小さな夢をかなえること

の2つです。

「私はこれが面白いと思う」といくら言っても、「ブログで書いてください。それはあなたにとっての価値であって、第三者、世の中にとっての価値ではありません」と言われます。

父母以外の信頼できる大人に出会っていないと、「自分の価値」イコール「社会の価値」になります。

自分の価値を社会の価値に転換していく応用ソフトを持っていないのです。

「自分にとって価値があるから、世の中の人にとっても価値があるだろう」というのは勝手な思い込みです。

ブログ発信で売れる本を出した人は、著者か編集者に能力があったからです。

ブログのアクセスが増えると、みんなの興味があると思われがちです。

実際は、同じ趣味の人たちが集まっているだけです。

自分や仲良し友達の範囲から外へは出ていません。

それよりは、友達以外の知らない人の役に立つものになることが大切です。

この辺を勘違いしている編集者は、「ブログで人気があるものをそのまま本にすれば売れるだろう」と思って、失敗するパターンになるのです。

人生のステージがアップする具体例

20

自分の価値より、相手の価値を考えよう。

21

相手を生かして、自分が生きる。

稼げない人は、相手を生かす前に自分を生かそうとします。
稼げる人は、すべて肖像画家です。
肖像画家は、相手の顔を描くことで稼いでいます。
自分の顔を描く肖像画家はいません。
稼げない人は自画像ばかり描いています。
仕事は自画像であってはいけないのです。
出会いが稼ぎにつながらない人がいます。
フォロワーや友達申請している友達はたくさんいるのに、稼げないのです。

この問題の解決が、相手の肖像画を描くということです。

自分の肖像画を頼んだのに、画家の自画像を渡されても困ります。

そんなものを買う人はいません。

画家は貴族の顔を描いてパトロンになってもらいます。

自画像を描いていたゴッホは、やっぱり売れませんでした。

自画像と肖像画の違いが仕事の本質です。

写真家も同じです。

自分の顔を撮る写真家はいません。

相手の顔をいかによく撮るかというのが写真家です。


私のおじさんは写真屋です。

写真で稼いで、ビルを建てました。

写真の修正が上手だったので、修正しやすいように大きいキャビネを使って、原価をかけて高く売ったのです。

見合写真で損をするタイプの人がいます。
会えばいい人ですが、写真で断られて、なかなか会ってもらえません。
それが、おじさんの撮った見合写真で、とりあえず会うところまでこぎつけます。
そのあとは、もともといい人なので、話がまとまるのです。
おじさんの仕事は世の中の役に立っています。
就活学生の大きな間違いは、仕事を「自己実現」と思っていることです。
社会の役に立つことが仕事なのです。

人生のステージがアップする具体例

21

自画像より、相手の肖像画を描こう。

22

歯車とは、なくてはならない存在だ。

「会社の歯車になりたい」という言い方は、実はおかしいのです。

会社の歯車に「ならなければいけない」のです。

「会社の歯車になりたくない」と言っている人は、「どうぞ辞めてください」と言われます。

「その人がいなければ、会社がまわらない」というのが本当の歯車です。

時計は、たくさんの歯車が噛みあって動いています。

歯車が1個動かないだけで、時計はまわらなくなります。

歯車になることは、なくてはならない存在になることです。

「歯車になりたくない」と言っている人は、歯車にすらなっていないのです。

「この人がいないと仕事がまわらない」という存在になることが大切です。

私が会社を辞める時に、「中谷君がいないと忘年会はどうなるの？」と言われました。

私は、それがうれしかったです。

入社以来、ずっと忘年会の幹事をしていて、私がいないと忘年会がまわらないのです。

それまでは「なんで僕が幹事を毎年やらなくちゃいけないんだろう」と思って、むしろ逃げていました。

みんなが逃げていることをするのが歯車です。

これがその人をなくてはならない存在にします。

私は一度、転勤の内示が出たことがあります。

会社の内示は決定と同じです。

2週間後には、荷物をまとめて行かなければなりません。

これがサラリーマンの社会です。

当時、私はつらいクライアントさんの仕事をしていました。

みんなが逃げて、私1人がランボーのように捕虜として取り残されました。

そこに転勤の辞令が出たのです。

そのクライアントを担当している部長は、役員のところへ行って、「中谷が今いなくなったら、年間20億の扱いがなくなる」と訴えました。

私は捕虜でしたが、必要な歯車だったのです。

出会いとは、相手の歯車になることです。

いかに相手のなくてはならない存在になれるかです。

「自己実現」とか「自己表現」ということではないのです。

人生のステージがアップする具体例

22 交換できない存在になろう。

23 考える立場の数だけ、稼げる。

勉強するということは、考える立場の数を増やすということです。

これは出会いで決まります。

たとえば、ビジネスホテルでフロントマンと出会うことで、「フロントマンは、出て行くお客様を、見ていないふりをして見ている」ということがわかります。

そのフロントマンの意識、郵便配達の人の意識を学ぶのです。

相手の立場を学ぶことが出会いです。

自分の側からしか物事を見ることができない人は、学べていないのです。

第3段階の応用ソフトを入れる時に、相手の立場から物事を見ることができるようにします。

考える立場の数が増えるのに比例して、その人は稼げるようになっていくのです。

人にはそれぞれ事情があります。

あるTV番組で、映画監督の大島渚さんとご一緒しました。

私はコマーシャルをつくっているので、画面にこだわります。

15秒の画角に必要のないモノは入れたくないのです。

映画でもそういうことがあるだろうと思っていました。

そのTV番組では、テーブルの上にウーロン茶が載っていました。

私は「大島監督、このTVでテーブルのウーロン茶はいるんですかね。スポンサーでもないのに。コマーシャルをつくっている人間として気になるんですけど」と言いました。

大島監督が「しようがないな」と言ってくれると思っていたのです。

ところが、大島監督は「これで食べている人もいるんだよね」と言ったのです。

人生のステージがアップする具体例

23

相手の立場を学ぼう。

私は「ウワッ、凄い大人の発言。びっくり」と思いました。
まさかそんな発言が出るとは思いませんでした。
こういうことを考えるのが、大人です。
芸術と商売とは、一見、真逆ですが、大島渚さんには商才があったのです。
すべてのことに、それで食べている人がいます。
社会は、それでまわっています。
いいとか悪いとか、善とか悪とか、道徳論や美学を持ち出すことではありません。
勉強するとは、こういうことなのです。

24

半分は、相手側に立つ。全部ではない。

今から振り返ると、20代の時に広告代理店で日々修羅場をかいくぐってきたことは、私にとって本当にありがたい経験でした。

広告代理店は代理業です。

代理業は、相手の立場に立つ仕事です。

仕事をしている時、私はすでに博報堂の社員ではなくなっています。

担当した会社の社員になるぐらいの勢いです。

ただし、完全に相手の立場になってしまうと、モノは売れなくなるのです。

あるクルマメーカーの工場に行った時のことです。

つくった人には、クルマに対する思い入れがあります。

「こうなんです。こうなんです」と、メカの素晴らしさをずっと繰り返し語り続けます。


そのクルマを買って欲しいターゲット層は女性です。

男性はメカの話が好きです。

女性は、メカの話より、オマケに何がつくかでクルマを選びます。

いかに消費者の立場に立てるかです。

開発者の熱意に感情移入しすぎると、モノは売れなくなります。

かといって、消費者の立場になりすぎるのもよくありません。

消費者は今の自分のニーズをわかっていないのです。

代理店の仕事は、消費者が気づいていないニーズを提案することです。

「こういうのがあったらいいでしょう」と提案して、「そうそう、こういうのが欲しかった」という楽しみ方をつくり出すのです。

代理店業では、１つのところに、足をすべて踏み入れてしまわないようにします。メーカーでもあり、マーケティング会社でもあり、消費者でもあるというスタンスに立つことが求められるのです。

人生のステージがアップする具体例

24

人の心も、自分の心も、大切にする。

25 お店の人の立場で考える。

私の実家は客商売をしていました。

母親からは、人生哲学として「お店の人に愛されるお客様になりなさい」と教わりました。

近所のお店に行った時も、お店の人に愛されるお客様になろうと努めています。

自分がお店を選ぶのではありません。

自分がお店に選ばれるお客様になるのです。

自分が相手に出会うだけではありません。

相手も自分に出会うのです。

たとえば、オープンテラスのお店は、冬場は中がいっぱいです。ストーブはあっても、オープンテラスは少し寒いのです。

お店の人に「中谷さん、オープンテラスしかあいていないんですけど、どうしますか」と聞かれました。

ここで「中谷さん」と言われると、断りにくくなります。

「ちょっと寒いな」と断って、「中谷彰宏は寒がりだな」と思われてはいけないのです。

ためしにオープンテラスに座ってみると、思いのほか暖かいのです。

「中があきましたけど、中谷さん、大丈夫ですか」と言われた時に、「いや、意外に暖かいね」と言いました。

次のお客様が「テラスしかあいていないけど、寒くないかな」と言っているのが聞こえたのです。

私はここで、急にお店の人になっています。

迷っているお客様に聞こえるように、「いや、意外に暖かいですよ」と言っている自分がいます。

これでお店の人に愛されるのです。


クラブに行くと、「すみません、中谷さん、団体のお客様が来るので動いてくださ い」と言われます。

私は移動要員で、あちこち動かされます。

最後は女性のたまりのカウンターに座っています。

そういう人がいると、お店の人は助かります。

私は、お客様が誰もいない時には帰りません。

誰もいないお店は入りにくいものです。

1人でもいたら入りやすくなります。

できるだけ入口から見えるところに座って、外のお客様が入って来やすいようにしています。

混んできたら、帰ります。
もう少しいたくても、並んでいる人がいたら、長居はしません。
これはすべてお店側のスタンスです。
これが相手側の立場に立つということです。
お店の人は、私のしていることに気づいています。
自分の都合だけでお店にいてはいけないのです。

人生のステージがアップする具体例

25

お店の人に、愛されよう。

Chapter 4

稼ぐ人は
いいメンターに出会える人。

26
母親と父親以外の信頼できる大人に出会う人が、稼ぐ。

稼げる子どもを育てる時に、親が子にすることは、

① 出会わせること
② 熱中させること
③ 見守ること

の3つです。

3つの段階で欠けているものがある人は、大人になってから追いかけて補えばいいのです。

稼げない人が欠落しているのは、父母以外の信頼できる大人との出会いです。

一番稼げない人は、父親から学んだこともありません。

母親が全部をしてしまったのです。

お母さんが「あなたは黙っていて」とお父さんを追い出したり、お父さんがお母さんに「教育のことはお前に任せる」と逃げた可能性があります。


父母以外の信頼できる大人は、昔は大ぜいいました。

たとえば、学校の先生、おじいちゃん、おばあちゃんです。

おじいちゃん、おばあちゃんは、孫を甘やかすだけではなく厳しかったのです。

そのほかに、近所のおじさん、おばさんもいました。

今は、こういう大人がいません。

先生も、「ヘンに怒ると親に怒鳴り込んで来られる」と警戒してなかなか怒れません。

子どもが、父母以外の信頼できる大人に出会わないまま社会に出てしまうと、世の中の人たちの役に立つということを覚えません。

私の実家はスナックをしていたので、たいていの遊びはスナックのお客様に教わりました。

親は仕事をしているので、小学生の時からお客様に遊びに連れていってもらっていたのです。

当時、社会人として働いている20代のお客様もいました。

その人が、ボウリング場やアイススケート場、ホルモン焼屋や怪しげなバーやお姉さんがいるお店に私を連れて行ってくれたのです。

それは、凄い社会を見せられた体験でした。

親は、子どもをできるだけ成功している人に出会わせたほうがいいのです。

握手するだけでもまったく違います。

先生という職業だけでなく、あらゆる職業人が子どもにとってはメンターになりうるのです。

今、世の中でメンターが求められているのは、父母以外の信頼できる大人がいないからです。

「信頼できる大人」とは、失敗した時に受けとめてくれる人です。

メンターがいることによって、社会とのかかわりが持てて、稼げるようになるのです。


メンターと出会うためには、まず自分が失敗することです。


失敗する中で、必ずメンターと出会えます。

失敗するためには、何かに熱中することです。

熱中することがない限り、失敗できません。

メンターに出会わない人は、成人して社会人になると、母親はもう頼りになる存在ではないことがわかります。

そうすると、自分の中にもう1人の母親を生み出します。

「そんなことをしたら失敗するからやめなさい」と、自分が母親役もするのです。

ヒッチコックの映画『サイコ』の中で起きていた現象と同じです。

『サイコ』の主人公は、死んだ母親と自分の2人の人格を抱え込んでいました。

親が、信頼できる大人と出会わせない、熱中させない、見守らないからです。
「見守る」の反対語は、「守る」です。
「守る」は、失敗させないことです。
「見守る」は、失敗させることなのです。

人生のステージがアップする具体例

26

熱中し、失敗しよう。

27

メンターを選ぶ3つの基準。①教えるのが好きな人。②厳しく叱ってくれる人。③面白さを教えてくれる人。

みんなが「メンターを欲しい」と言います。
メンターにふさわしい人の基準は、3つあります。

① 教えるのが好きな人

自分が教えたいことだけを教える中途はんぱな教え魔はNGです。
こういう人は、ゴルフの打ちっ放しやボウリング場に行くとたくさんいます。
無責任に自分がパッと思いつくことを教えるのです。
相手が「教えて」と言っていないのに、「教えようか」と言う人は教え魔です。

教えるのが好きな人とうまい人は違います。

うまい人は、教えるのが好きではありません。

「自分はできるのに、この人はなんでできないんだろう」と、イラッとするからです。

そういう人に習うと「これ、こうするんだよ。簡単だよ」「え、これがなんでできないの？　こうすればいいだけなのに」と言われます。

その人が当たり前にできていることは教えないで、形だけを教えるからできないのです。

今できている人は、相手がなぜできないかが理解できません。

そうすると、教わっている側もあせりますが、教えている側もイラッとしてめんどくさくなるのです。

教えるのが好きな人は、運動選手のレベルで言うと、とてつもなくできる人か、選手時代はそれほどトップまで行けなかった人のどちらかです。

クラブのママさんでも教えるのがうまい人は、ホステス時代にナンバーワンでなかった人が多いのです。

ナンバー2以下の気持ちがわかるからです。

ナンバーワンの人は、「なんでこれができないの?」とイラッとしてしまうのです。

② 厳しく叱ってくれる人

今の時代、厳しく叱ってくれる人がいません。

叱るにはエネルギーがいるからです。

嫌われる可能性もあります。

「そんなよけいなことをするのはやめておこう」というのは合理的な判断です。

だからこそ松岡修造さんは愛されるのです。

あれほど叱ってくれる人はいません。

「オヤジが説教しているだけ」と言う人もいますが、松岡修造さんは途中で投げません。

とことんつき合います。

それは、松岡修造さん自身も「帰ったらヘトヘトだ」と言うくらい疲れることなのです。

みんなは元気な松岡修造さんしか知りませんが、奥さんの前ではヘトヘトだそうです。

外であんなにエネルギーを使っているのだから、疲れるのは当たり前です。

ほめるのにエネルギーはいりません。

エネルギーを使って叱ってくれるところが、松岡修造さんが愛される理由なのです。

③ 面白さを教えてくれる人

技術を教えてくれる人はたくさんいます。

たとえば、サッカーのテクニックを教える人よりも、「サッカーって面白いだろう」と面白さを教えてくれる人に出会えた子どもは、サッカー好きになります。

面白さがわかると、「頑張ろう」と思うからです。

子どもの時に、ある教科が好きになるというのは、こういう先生にめぐり会えたからです。

私は、社会が好きでした。

人生のステージがアップする具体例 27 なんでも聞けるメンターに出会おう。

具体的な状況を設定すれば、なんでも聞ける存在なのです。

メンターとは、どんなことも受けとめてくれる人です。

稼げるようになるのは、物事の面白さを教わった人です。

「社会は面白いな」「英語は面白いな」「数学は面白いな」と教えてくれた先生は、長い人生においてはメンターになります。

受験という狭い範囲では、受験に役に立つことを教えてくれる先生のほうが頼りになります。

長い目で見ると、役に立っているのです。

それでも、社会という教科は好きになります。

脇道の面白さを教えてくれるからです。

こういう先生は、受験では役に立たない先生が多かったです。

「社会は面白いだろう」と教えてくれた先生がいたのです。

28

メンターから、技だけではなく、心を学ぶ。

メンターと先生とは違います。

先生は、技術を教わる人です。

メンターは、精神を学ぶ人です。

「メンターが欲しい」と言うわりに、「メンターだと思って習っているんですけど、なかなかうまくならないんです」と言う人がいます。

これは言葉を間違えています。

「うまくなる」「うまくならない」は、メンターに対して使う言葉ではありません。

「なかなか面白さがわからない」と言うならいいのです。

「メンターは自分をうまくしてくれる存在」と思うのは、間違った認識なのです。

人生のステージがアップする具体例

28

先生を、メンターにしよう。

29 失敗させない人ではなく、失敗させてくれる人がメンターだ。

「メンターは、お膳立てをしてくれる人」と思っている人がいます。

「メンターを紹介してください」という発想は、違和感があります。

「私、おかげさまでメンターに出会えました。ところがちょっと問題があって、メンターがなかなか仕事を紹介してくれないんです」と言うのも間違っています。

こういう人は、「メンターは自分がじっとしていても何か助けてくれる」と思っています。

「助ける」という言葉を、「仕事を紹介してくれる」「チャンスを与えてくれる」という意味で使っているのです。

人生のステージがアップする具体例

29

メンターを、保護者にしない。

「あの人はメンターじゃないんだろうか」と本人は悩んでいますが、メンターの解釈が違っています。

メンターは、失敗した時に支えてくれる人です。

失敗させない人ではありません。

「メンターがいたのに失敗したんですよ。ひどい」と怒る人がいます。

映画『スター・ウォーズ』に出てくるヨーダもメンターです。

ヨーダに対して「あなたのせいで失敗した」と言う人はいないのです。

30 稼げない人は、「最初から、言ってよ」と言う。稼げる人は、階段状に学べる。

たとえば、自分が教えた相手が失敗しました。

「先生、これで失敗したんですけど」と言われたので、「じゃあ、こうしたら」と次のアドバイスをしました。

この時に、メンターを勘違いをしている人は、「だったら最初から言ってくださいよ。なぜ失敗する前にその2つを教えてくれなかったんですか」と怒ります。

物事は、1個ずつでなければ教えられません。

階段状に学びがあるのです。

稼げない人は、「10段一気に教わっていれば面倒じゃない」と勘違いしています。

どんなことも、転んで初めて次のことが教えられるのです。

メンターはそれがわかっているので、1個ずつ教えます。

「失敗しました」と言われると、「じゃあ、次はこれを教えましょう」と段階的に教えます。

学び方がヘタな人は、「10個まとめて教えてください」と言うのです。

たとえば、「次はこれをしてみたら」とメンターに課題をもらいました。

その課題をする前に、「その次は何をすればいいですか」と聞く人がいます。

する前から聞かれても、アドバイスのしようがありません。

先生は、答えを教える人です。

メンターは、課題を与える人です。

ここが大きな違いです。

答えを求める人は、先生を探せばいいのです。

人生のステージがアップする具体例

30

階段状に、学んでいこう。

31 メンターから、準備の分だけ、持ち帰れる。

メンターからより多くのものを吸収する方法は、準備をたくさんすることです。

安いセミナーに対しては、「今日は何があるの？」という感じで準備をしないで行きます。

ところが、高いセミナーには準備をして行きます。

課題があれば、きちんと仕上げて持っていきます。

私は、高いビジネススクールでも「宿題は別に義務じゃないからね。学校じゃないから」と言います。

吸収したいと思う人は、みずから進んで準備をします。

そんなに吸収したいと思っていなかったり、会社の経費で行くように言われて来ている人もいます。

そういう人には「出席にしておいてあげるから、途中で帰っていいよ。宿題なんかやらなくてもいい」と言います。

教える側は、ヤル気がなくて帰る人が1人でもいると、勉強したい人に時間を多く割けるからいいのです。

発表する場合も、全員にはさせません。

生徒全員のうちの半分で、発表したい人だけにさせます。

そうすると、発表したい人は、より時間をたくさん手に入れられるのです。


稼げる人は、メンターに会う前に準備しています。


たとえば、週1で習いごとをしています。

その時、週1時間のレッスンで練習をしている人と、24時間×7日で練習している人とでくっきり分かれます。

私は、ダンスとボイストレーニングを週1で習っています。

レッスン以外の時間もずっと、ダンスとボイストレーニングのことを考えています。

考え抜いた仮説を持ってレッスンに臨みます。

次のレッスンで、先生に「こうじゃないですか」と聞くのです。

準備とは、レッスンとレッスンの間に練習をし、仮説を立て、質問が生まれることです。

ブラッと行って、「何か質問ある?」と言って始まるのがメンターの授業の仕方です。

私のビジネススクールは、2週間に1回のペースで授業をしています。

授業の最初に、「前回から今回までの間に何か質問がある?」と聞きます。

ここですぐ質問の出る人と、「えーと、前回何やったっけ?」とノートをめくる人とに分かれます。

普通の授業は、今日話したことに対して質問を受けるので、質疑応答が一番最後にあります。

稼げる授業は、質疑応答が冒頭にあります。

前回から今までの時間に、みんなが練習をし、仮説を立て、質問が生まれているからです。

質疑応答のやりとりから始まると、カスタマイズした授業ができるのです。

セミナーのカリキュラムは事前に組まれています。

稼げない人は、必ず「カリキュラムを下さい」と言います。

どういう仮説で臨んでくるかによって授業は変わります。

カリキュラムを欲しがる人は、生徒とは関係なく、先生がワンウエーで話す授業に参加して聞くだけの勉強の仕方に染まっています。

子どもの勉強の仕方をそのまま大人の社会でしようとしているのです。

結果として、その人は稼げません。

もっとひどい人になると、「すみません、どうしても仕事で行けないので、プリントか何かありますか」と言います。

文字化されたプリントでは、勉強になりません。

ナマの授業で聞いたこととプリントでは、吸収できる量がまったく違うのです。

誰かがとったノートを見るのもNGです。

「授業でどんなことをしたの？　教えて」

「こういうことをしたんだよ」

「ああ、なるほど。わかった」

と、授業の内容を誰かに聞いて勉強するのも怖いです。

聞いた相手の理解の限界までしかいけません。

それでわかったつもりでいるなら、聞いていないほうがまだましです。

ヘンな先入観が入ると、間違った答えを教わることもあります。

「この授業でこんなことを習いました」と、よくブログに書いている人がいます。

それを見て、「ああ、そういうことを習ったんだ」と納得するのも間違いです。

これは全部チャンスを逃しています。

録音テープですら、正確に伝わりません。

ナマで聞いたものとはまったく違うのです。

人生のステージがアップする具体例 31

会う前に、準備しよう。

すべてのことは、準備をした分だけ持って帰れます。

同じ3時間の授業料が高いか安いかという判断はむずかしいです。

24時間×7日の勉強をしている人と、週に1時間しか勉強していない人とでは時間当たりの値段が変わるからです。

32

スポーツも勉強も、コーチに出会った者が勝つ。

スポーツの世界は、コーチの勝負です。

ラグビーやサッカーでも、誰が監督になるかでチームの強さが変わります。

シンクロナイズドスイミングも、コーチによって、まさかと思われていた国がのし上がってくるのです。

テニスもどんなコーチと出会えるかで、強い選手になるかどうかが決まります。

ただし、出会って「コーチしてください」とお願いしても、コーチになってもらえるとは限りません。

コーチに出会うために勉強していくのです。

人生においてどういうコーチにめぐり会えたかというのは、アスリートでない人にとっては「メンター」です。

「どうしたらメンターに出会えますか」と聞かれることがあります。

私は「メンターに出会ってもあなたを教えてくれるとは限らないよ。教えてもらえるように、まず勉強しよう」とアドバイスします。

「メンターはどこにいるんですか。教えてください」と聞く人には、「そこからが勉強でしょう」と答えます。

「自分の進むべき世界には大ぜいのトップがいるんですけど、そのうちの誰を選べばいいかわからないんです」と言う人は、勉強が足りないのです。

人生のステージがアップする具体例

32

人生のコーチになってもらおう。

33

人生は、メンターと出会う旅だ。

私は26歳の時にダンスを始めました。

最初に習いに行った時に、「先生にダンスを習いたいと思っていたけど、僕の思っている世界と違うな」と感じました。

そのあと、本やＤＶＤを見て独学した放浪の時代が15年続いたのです。

ある時、六本木男声合唱団のディナーショーで、演出の奥田暎二さんに「中谷がダンスを踊れ」と言われました。

奥田さんは、私がダンスをしていたことは知りませんでした。

奥田さんの天才性で「ダンスを踊れ。先生を紹介するから」と言われて、会ったのが花岡浩司先生だったのです。

花岡先生に会った瞬間に「僕が探していたのはこの先生だ」と感じました。

「先生、毎週2日来ます。とりあえず10年」と言いながら、15年たちました。

ずっとダンスの勉強を続けていたから、「この先生だ」とわかったのです。


今、塾生が花岡先生のところへ習いに行っています。

ラッキーなのは、最初からいい先生に習えることです。

アンラッキーなことは、花岡先生の値打ちがわからないことです。

塾生には、ダンスの勉強での紆余曲折がないからです。

メンターというのは、すぐに出会っても値打ちがわかりません。

ほかの先生との違いがわからないのです。

メンターに早くめぐり会ってしまうのは、アンラッキーです。

15年間放浪していたのが、私にとってはラッキーでした。

「この人が探していたメンターだ」と一瞬でわかるからです。
迷いがないことで、全幅の信頼を置けるのです。

人生のステージがアップする具体例

33

メンターと出会うために、学ぼう。

34 信頼する人が、楽しそうに語ることに、脳が興味を持つ。

よく「好きなことが見つからない」と言う人がいます。

人間は、好きな人が楽しそうに語ることを好きになります。

好きな人が「この本が面白い」「この映画が面白い」「こんな面白い人に会った」と話したことは、印象に強く残ります。

小学校や中学校時代の記憶は、先生が面白そうに語っていたことが印象に残ります。

それで、その分野に興味を持つのです。

自分が興味を持つキッカケは、「なんか意味わからないけど、好きな先生が楽しそうに語っているな」と思うことです。

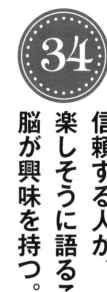

大切なのは「好きな先生が楽しそうに語っていた」ことです。

私が授業する時は、自分が好きなことを楽しそうに語ります。

しなければならない話を語るのではありません。


好きなことを楽しそうに語る人の話を聞いていると、聞いている人の脳にドーパミンが出て、ダイレクトに情報が入っていきます。

自分が学ぶ時は、信頼できる人から学ぶことです。

それによって、学んだことが脳に抵抗なく入っていくのです。

人生のステージがアップする具体例

34

信頼する人から、学ぼう。

35 骨組みをマネる人は、稼げる。表面をマネる人は、稼げない。

学ぶことは、マネることでもあります。

稼げない人は、メンターの一部分だけマネようとします。

稼げる人は、メンターの全部をマネようとします。

自分がなんとなく納得できるところをつまみ食いして、ラクそうなところをマネようとするのは、結局学ぶことになりません。

先生からは、自分にとって必要な分だけ技術を抜き取ればいいのです。

メンターは違います。

たとえば、松岡正剛さんが、リスペクトしている杉浦明平さんの仕事を見て、「デザイナーなのに、ゲラのチェックで紙をめくる時の指使いにしびれる。その美しいこと」と言いました。

ゲラをめくる指使いは、本のデザインとは関係ありません。

これがメンターから学ぶということです。

将棋の世界でも、定跡を学ぶだけではありません。

「こまの置き方が美しい」と師匠のこまの置き方を学びます。

これが全部を学ぶということです。

ダンスでも、メンターではなくただ先生として習っている人は、「すみません。ちょっとトイレに行っていいですか」と、トイレにチョコチョコと歩いていきます。

それはＮＧです。

トイレに行く姿もダンス的にする必要があります。

私は、ダンスを通して花岡先生から貴族的精神を習っています。

レッスンの時に、ステップを１ミリも教わらなくていいのです。

ダンスを通して精神を学ぶからです。

「ステップを早く教えてくれ」と言う人にとっては、雑談はやめてという話になります。

精神を学ぶかテクニックを学ぶかで、求めているものが違うのです。

テクニックはお金になりません。

結局、稼げるのは精神なのです。

精神は、手に入れるのに時間がかかります。

そのかわり手に入れたら稼げます。

簡単に手に入るものでは稼げないのです。

たとえば、「1日の講習で、あなたも副収入が得られます」という誘い文句が書いてありました。

1日で手に入るスキルは、たかだか知れています。

1日で手に入るものでお金を稼ごうとするのは、きちんとした習いごとをしたことがない人です。

「1日で副収入が手に入ると言ったのに、ちっとも稼げないんですけど」と言う人がいます。

それは当たり前です。

そのことに気づかないのは、今まで習いごとをしたことがなかったからです。

手に入れるまでに時間がかかったものは、それで稼げる時間も比例して長いです。

短時間で手に入れたものは、稼げる時間も短いのです。

人生のステージがアップする具体例 35

表面より、骨組みをマネよう。

36 師匠の一部分だけマネしようとする人は、稼げない。

私が博報堂のメンターの藤井達朗から学んだ期間は実質半年です。

私は博報堂に入社してすぐ師匠のもとにつきました。

半年後に師匠が入院して、半年後に亡くなりました。

ラッキーだったのは、私がまだ入社したてのひなどりで一番吸収できる時期だったことです。

そこで最初に見たのが天才というのは大きいです。

徒弟制なので、文字どおり1日中一緒にいました。

師匠の生活全部を見るわけです。

「家にはこういうふうに電話をかけるんだな」「こういうふうに爪を切るんだな」「こういうふうに廊下を歩いて、タクシーに乗る時はこういうふうに乗っているんだな」ということまで全部記憶に残っています。

これが部分を学ぶのではなく、全体を学ぶということです。

結果として、骨組みを学ぶということです。

部分だけを学ぶと、表面しかわかりません。

中谷本をマネした本はたくさんあります。

表面のマネなので、私は痛くもかゆくもありません。

読者もみんな気づきます。

本当に学ぶ気があるなら、中谷塾に来ています。

表面のテクニックだけでなく、精神自体を学ぶことが大切なのです。

人生のステージがアップする具体例

36 師匠の全部をマネしよう。

37 よそ見をする子は、伸びない。

中谷塾に来る人も、ビジネススクールに来る人も、稼げる人と稼げない人に分かれます。

稼げる人は、休み時間の私を見ています。

実際、休み時間はほとんどありません。

2時間×4コマの8時間でも、休み時間はなくおにぎりを食べながら授業をします。

「先生は2コマ目と3コマ目の間にどうやっておにぎりを食べるのか」というのをよく見ている人もいれば、その時間にスマホを見ている人もいます。

授業中はみんなが私のことを見ています。

実は、「先生が休み時間にどうしているのか」を見ているかどうかが、一番勝負のつくところなのです。

たとえば、休み時間に誰かが質問に来ました。

稼げる人は、私がその質問にどう答えるかを見ています。

遠足塾でも、移動の間、先生はどうしているかを見ています。

私は、遠足塾のあと、東京校で授業があるので教室までの移動の時間、塾生と一緒に地下鉄に乗ります。

「地下鉄に乗る時にどうしているのか」

「先生は何を見ているのか」

「まわりの人とどう話しているか」

「カフェに入るとお店の人とどう話しているか」

「自動改札をどう抜けているか」

全部勉強になります。

それを見ている人と、ただみんなでワアワア話している人とに分かれるのです。

一番チャンスを逃すのは、スマホを見ている人です。

休み時間はスマホを見てもいいのです。

ただし、スマホを見ている人は、私が8時間の授業の間に一度もスマホを見ないということに気づきません。

私は、8時間の真剣勝負をしているのです。

サッカーの選手が、ベンチにいるからといってスマホを見ていいわけがありません。

スマホを見ている選手は、試合に使われません。

休み時間にスマホを見る人は、私がスマホを見ていないということを学べないのです。

休み時間は、休み時間ではありません。

休み時間のフリートークがあります。

私は休み時間におにぎりを食べています。

決して健康にいいとは言えません。

もっとサラダを食べたりしたほうがいいのです。

それでも、私の中では、自分の健康よりも授業の密度のほうが大切なので、おにぎりを買っているのです。

塾生の中には「健康第一なので、サラダ買ってきます」と買いに行く人もいます。

休み時間で授業に入っていなくても、みんなと私が話している大切な話をその人は聞き逃してしまいます。

これが稼げる人と稼げない人の分かれ目になります。

休み時間と授業中の境目をつくっている人は、稼げません。

先生には、休み時間があります。

メンターには、休み時間がありません。

休み時間にこそ深いものが学べるのです。

人生のステージがアップする具体例

37

休み時間にスマホをすることの機会損失を知ろう。

38

教えているのではない。プロデュースしているのだ。

私は、ビジネススクールで起業家を育てています。
中谷塾では、いろいろな分野のビジネスマンを育てています。
堺・教師ゆめ塾では、先生になる人を育てています。
消防大学校では、これから消防署長になる消防司令の人たちを育てています。

振り返ってみると、私のしていることは「プロデュース」です。
秋元康さんは、ＡＫＢを「教え子」と呼んでいます。
彼女たちが売れていくために、いろいろなことを教えているのです。

人生のステージがアップする具体例

38 プロデュースされる意識を持とう。

あれは明らかにプロデュースです。

つんくさんの「モーニング娘。」も教え子です。

メンターがしていることは、プロデュースです。

メンターに求めるのは、自分をプロデュースしてもらうことです。

プロデュースされる側で大切なのは、自分も一緒になって頑張ることです。

「紹介してください」「チャンスを下さい」と言うだけでは、プロデュースする側がどんなに頑張っても、その人はチャンスを得られません。

「自分はプロデュースされている」という意識を持つことです。

「知識を下さい」「技術を下さい」「仕事を下さい」と言うばかりでは、「君は何をやりたいの」ということになります。

共同で何かをすることが、プロデュースなのです。

Chapter 5

稼げる人は「勉強になりました」で、終わらない。

39

裁判所に行くことを恐れない人が、稼ぐ。

稼げない人は参謀になりたがります。

参謀とか軍師は、『三国志』の諸葛亮孔明のようなイメージで、カッコいいのです。

実際に話を聞くと、その人が目指しているのは参謀ではなく代理です。

代理と参謀の大きな違いは、リスクを背負うかどうかです。

太平洋戦争で日本が負けたのは、「陸軍参謀本部」が「陸軍代理本部」だったからです。

参謀がいなくて、誰もが代理でした。

失敗しても失敗しても、首が飛ばないのです。

そんなことは、普通はありえません。

アメリカには参謀がいました。

アメリカの人事制度は、日本よりも若く、疲弊していなかったのです。

真珠湾攻撃で負けたあとに、トップのキンメルが飛ばされて、ニミッツが27人抜きで司令長官になりました。

上の27人が責任をとらされたのです。

責任とリスクを背負える人が参謀です。

日本の組織には、代理・補佐・心得など、副業務がたくさんあります。

どこに責任があるか、さっぱりわかりません。


私がつき合っていたベンチャー企業の社長は、よく「すみません、また訴えられて今日も裁判所です」と言っていました。

責任者は、裁判所に呼び出されるのです。

訴えられたからといって、必ずしも悪ではありません。

ウエブサイトでアルバイトを紹介するビジネスで、ウエブサイトに書かれていた待遇と実際の仕事先の待遇とが違うことがあります。

その場合、仕事先ではなく、ウエブサイトを運営しているメディアが訴えらます。

通販ビジネスでも、商品が届かないと、売主ではなくポータルサイトが訴えられます。

結局、社長が裁判所に毎日行くことになるのです。

責任をとるということは、

① 借金を背負う

② 裁判所に行く

という2つの覚悟を持つことです。

代理は、これをビビります。

ここが代理と参謀の分かれ目なのです。

人生のステージがアップする具体例

39 リスクを背負わない代理より、リスクを背負う参謀になろう。

40 お金を出している社長には、覚悟の上で、勝てない。

ある飲食店の若い店長さんが私のところに相談に来ました。

年齢も社歴も店長が一番若いのです。

お店は料理長が仕切っています。

アルバイトも店長の言うことを聞いてくれません。

仕事中にスマホは見ている、遅刻は多い、ちょろまかしも多いで、店内はグチャグチャです。

社長に何度訴えても、言うことを聞いてくれません。

これで気持ちがなえるのです。

せっかく社長に出会って店長に抜てきされたのです。
それなのに、なぜ社長が言うことを聞いてくれないのか、本人は理解できません。
私は「それは簡単だよ。社長と君の覚悟が違うからだよ」と言いました。
「覚悟はあります」と言うので、「覚悟って何?」と聞くと、「熱意」と言うのです。
熱意と覚悟は違います。
覚悟とは、お金を出すことです。
月々の家賃と人件費が200万円です。
たとえ売上げがゼロでも、それを出す覚悟が社長にはあります。
どんな小さなお店でも、出店するには1500万円かかります。
社長はそれを出していますが、店長は出していないのです。
「だって、自分はお金がないから」と言いますが、それは違います。
サラ金に行けば、お金は出せます。
単に借金を背負うのが怖いだけです。
その点、社長は借金を背負う覚悟があります。

そこが店長と社長のレベルの違いです。
たとえサラ金でも、借金を背負う覚悟を持てるかどうかが、意見を言える側になれるかどうかの分かれ目なのです。

人生のステージがアップする具体例

40 お金を出す覚悟を持とう。

41 簡単になれる店長は、逮捕される係だ。

店長だから偉いというのは、勘違いです。
肩書は、社会ではなんの役にも立ちません。
社会で役に立つのは、覚悟です。
覚悟とは、リスクを背負うことです。

私が早稲田大学にいたころ、店長募集のアルバイトがけっこうありました。
大体が歌舞伎町のエロ雑誌の出版社の編集長です。
当時は「なんでこんな学生に店長とか編集長をさせるのかな」と思っていました。

店長といっても、実際は、わいせつ図画販売で警察の手入れがあった時に捕まる係だったのです。

時給は高めでしたが、それを高いと考えるか安いと考えるかです。

「社長のかわりに逮捕されることで、これだけの報酬をもらう」「それをすることで社長に恩義を売る」というメリット・デメリットの計算が自分でできているかどうかです。

それがないと、突然逮捕されて、びっくりするだけです。

深夜営業のボウリング場では、酔っぱらいが騒ぎます。

同じボックスのカップルは、イヤな思いをします。

スタッフが注意しても、聞く耳を持ちません。

その段階では、まだ警察を呼べないのです。

そういう時に必ず呼ばれるバイトの男がいます。

彼は「すみません、お客様、まわりのお客様のご迷惑なので」と注意して、酔っぱらいに「なんだ、おまえ」と、ボーンと殴られる係です。

殴られたら、「ハイ、曽根崎署呼んでくださーい」と言えるのです。
彼はクビになりません。
彼の役割は、殴られに行くことです。
雇われ店長も、何かあった時に責任者として警察に行く係です。
それがわかっている人を、社長は手放せません。
自分の役まわりが見えていることが、学びです。
「あなたが選ばれました。未公開株が手に入ります」という詐欺があります。
なぜ自分が選ばれたのかということに、普通は違和感があります。
だまされる人のほとんどは、素直に「自分が選ばれたのかな」と思い込みます。
これは勉強が足りないのです。
詐欺師はランダムに電話をかけています。
それが見えている人は、そんな詐欺にはだまされないのです。

人生のステージがアップする具体例 41

肩書に惑わされない。

42 年上の部下には、スキルで負けて、マインドで勝つ。

今はいろいろなところで年上の部下が生まれています。
「出会い」というと、いい出会いばかり想像しますが、これも1つの出会いです。
年上の部下が来るのは、自分が出世してチャンスをつかんでいるということです。
最近、「年上の部下とどうつき合えばいいですか」という相談が多くあります。
その答えは、ひと言、「スキルで負けて、マインドで勝つ」です。
「スキル」と「マインド」とは別です。
マインドとは覚悟のことです。
部下は自分のほうがスキルがあるので、上司の言うことを聞きません。

上司「売上げを上げるためには、こうしてもらわないと困るんです」

部下「やるのか、おまえ」

上司「やりますよ」

部下「殴ったら警察に行くことになるんだぞ」

上司「行きますよ」

会社は、スキルではなく、覚悟でまわります。

責任のある人は覚悟が必要です。

「自分に能力があれば、人は言うことを聞いてくれる」というのは、間違った思い込みです。

能力を身につけても、人は動きません。

人が動くのは、覚悟です。

「言うことを聞かなければ殴るよ。そのかわり、オレは警察に行くよ」

「警察に行くから、おまえを殴らせてもらうよ」

これが覚悟です。

こういう人には勝てないのです。

人を動かすには、「こいつ、おかしいな。警察に行くのが怖くないのかな」と思われるぐらいの気迫が必要なのです。

スキルで負けている人にスキルや経験で追いつくのはムリです。

スキルが高くて言うことを聞かない人は、世の中にたくさんいます。

そういう人にはスキルを学べばいいのです。

マインドに経験年数は関係ありません。

くぐってきた修羅場の数です。

短期間でも、覚悟を持てばマインドで勝てるのです。

人生のステージがアップする具体例

42

覚悟で、動かそう。

43 払ったお金を忘れている人が、稼げる。

「デートで2人で5万円のお寿司をおごったら、エッチをさせてもらえる」と思っていた男がいます。

回転寿司ではなく、カウンターで食べると、5万円が相場です。

ところが、食事のあとに「ホテルに行こう」と誘うと、「今日は帰る。今度ね」と断られたのです。

「なんで？　君のために5万円のお寿司をごちそうしたのに、どういうこと？」と、落ち込んだそうです。

ここで落ち込むのは、払ったお金のことを覚えているからです。

これでチャンスを逃します。

仕事でも、「こんなに投資したのに」と思うと落ち込みます。

払ったお金のことを忘れられない人は、ギャンブルでも焦げつきを大きくします。

損切ができないと、やがて自分がしんどくなっていくのです。

損切して、スパッと諦めます。

払ったことを忘れたら、痛みもなくなります。

「ホテルに行かないとわかっていたら、2000円の回転ずしですんだのに」と思うと、痛いのです。

痛さとショックと相手に対する怒りがこみ上げてきて、さらにマイナスが生まれます。

相手からも嫌われます。

『なんで』とは何?」と、ケンカになるのです。

出会いにはコストがかかります。

払ったお金をスッパリ忘れることで、その先にチャンスが生まれます。
これが使ったお金がマイナスにならない方法なのです。

人生のステージがアップする具体例

43

払ったお金は忘れよう。

44 レスポンスの速さに、収入は比例する。

「稼げる人」と「稼げない人」との差は、一目瞭然です。
出会ったあとの「レスポンスの速さ」が違うのです。
その人の収入は、レスポンスの速さに比例します。

私のところに、予算の少ない仕事の依頼が来ることがあります。
予算は、ある時もない時もあります。
出会った縁もあるので、引受けます。
ところが、そのあとの仕事のやりとりで、レスポンスが遅いのです。

「これは決定でいいですか」と聞くと、「すみません、まだ仮でお願いします」と言われます。

仮の日にちにほかの仕事の依頼が来たので、「この間の仮はどうなっていますか」と問い合わせても、まったく返事が来ません。

予算の安い仕事に、これが多いのです。

私なら、予算がないならレスポンスぐらい早くしようと行動します。

安い仕事は、その分熱意が強いと思っていたら、逆なのです。

予算の高い仕事のほうがレスポンスは速いです。

大きなお金で動いている緊張感があるからです。

都会と比べると、地方は圧倒的にレスポンスが遅いのです。

それは、まわりのスピードが遅いからです。

私は地方に研修に行くと、「これから都会と対抗してチャンスをつかむためには、とにかくレスポンスを速くしてください」という話をします。

東京だけではなく、ニューヨーク、パリ、ロンドン、ミラノなど、世界中から仕事の依頼が来た時に、レスポンスが遅いと、その話は流れます。

ボツになったのではありません。

自分のレスポンスが遅いから流れただけです。

本人の中では、自分が遅いとは感じていません。

その人がいる集団の中では真ん中ぐらいのレベルです。

人間は、自分のレスポンスが「遅い」と感じている人と「普通」と感じている人とに分かれます。

「遅い」と感じている人は、大体速い人です。

その人は速い人と一緒に仕事をしています。

問い合わせに対するレスポンスが遅いと、すべてのアクションが遅くなって、稼ぐ集団の輪から漏れていきます。

稼ぐ集団の中に遅い人が1人いても、仲間に入れにくいのです。

人生のステージがアップする具体例

44

レスポンスを、速くしよう。

45

メモをとる習慣のない人は、出会いをなくす。

出会いから稼げない人は、メモをとる習慣がないのです。
メモも一種のレスポンスの速さです。
都会の人はメモをとります。
地方にはメモをとる習慣がありません。
時間がゆったりまわっているので、頭で覚えられる範囲ですむからです。
スピードが速いところでは、メモをとらないとついていけません。
話を一生懸命聞いているのは、やっぱりメモをとっている人です。
メモをとるスピードをどんどん上げていきます。

人生のステージがアップする具体例

45 話す前に、メモを出そう。

お客様が何か要望している時に、ちゃんとメモしている人をお客様は覚えます。

「言っておきます」と言っても、「本当に言うかな」と心配になるのです。

たとえば女性に誕生日を聞いた時に、メモするだけで違ってきます。

口で「何かプレゼントしなくちゃ」と言われても、どうも怪しいです。

大切なのは、プレゼントではなく、そこでメモしたという行為です。

ミーティングでもなんでもない時の私の話に「いいことを聞いた」と言っている人と、一生懸命メモしている人がいたら、メモしている人のほうに目が行きます。

どんなうなずきよりも、どんなほめ言葉よりも、メモのほうが勝つのです。

これは習慣です。

メモをする習慣がないと、せっかく会っても出会いをなくします。

出会いは、単に会うことではありません。

会ったあとに、相手に自分の印象を残せることなのです。

46

速い人のそばで、速さを学ぶ。

スピードの速い人は稼げます。
スピードの遅い人は稼げるチャンスを失います。
速くなりたければ、速い人のそばにいればいいのです。
これだけで学べます。
1人1人のリズム感は、自分では当たり前と思っています。
いかに自分が遅いか、早く気づいたほうがいいのです。
速さは時間当たりの生産性です。
1時間当たりに、どれだけのものが学べるかです。

何時間働くかは関係ありません。
東大に通るために1日何時間勉強すればいいかというのは、まったくナンセンスです。
東大に通る子たちは、1時間当たりの勉強量の密度が濃いのです。
「何時間」という感覚でいる限り、東大には通りません。
仕事で稼ぐ時も、1時間当たりのスピード感を上げることです。
授業をしていると、よくわかります。
稼げるようになる人とならない人との差は、リズム感の差です。
稼げない人は、ホワイトボードに書くまでのスピードが遅いのです。
アメリカのビジネススクールでは、先生がお題を出して答えるまでが3分です。
日本では3分では何もできません。
「即、答えを出していく」というスピード感がないのです。
ホワイトボードの前で書かせる時も、私は時間が来たら締切ります。
「まだ書いていないんですけど」と言いますが、書き終わるのを待っているとテンポが遅くなります。
速い人は、すでに書き終わっています。
一番遅い人に合わせる必要はありません。
遅い人は、自分が遅いことに気づいていないのです。

私の授業では、授業が始まる前に宿題をホワイトボードに書いておくという決まりです。

ビジネススクールは夜7時から始まります。
7時に来てホワイトボードに書くのは禁止です。
7時は授業が始まっているからです。
仕事が忙しくて遅れて来る人は、宿題を書くことができません。
その人は授業よりも仕事をとったのです。
一方で、忙しい中、選択してここに来て宿題を書いている人もいます。
それをするのもしないのも、その人の選択です。

だから、私は怒りません。

好きなほうを選べばいいのです。

宿題をホワイトボードに書く権利を自分で放棄しただけです。

仕事ができる人は、クォリティーの問題ではなく、とにかく速いのです。

速いとキャッチボールが多くなるので、クォリティーは上がります。

時間をかけたらクォリティーが上がるということはありません。

遅いとクォリティーが下がって、稼げなくなるのです。


クリーニング屋さんを考えるとわかります。

遅いクリーニング屋さんに出す人はいません。

シャツを預かって「1カ月かかります。そのかわり丁寧にやります」と言われたら、シャツを何枚買わなければいけないのという話になります。

普通のクリーニング屋さんは数日で返ってきます。

締切が守られるので、出すほうも最低限の枚数があればすみます。

遅いところは締切も守られません。
1回でも締切が守られないと、ローテーションが立てられなくなります。
結婚式に着て行こうと思っていた服が届かなければ、アウトです。
それならシワクチャで行ったほうが、まだマシです。
すべての仕事は、クリーニング屋さんと同じです。
速い人のそばで仕事をすることが大切なのです。

人生のステージがアップする具体例 46

「速い人のそば」にいよう。

47

すべての仕事に、プロの仕事を気づける人が、稼ぐ。

私の父親は、染物屋の職人でした。
父親の口グセは「これを考えた人は、偉いな」でした。
どんなモノにも、それをつくった人がいます。
モノがいきなりあらわれることはありません。
それを発明し、改造し、磨き上げた人がいるのです。
そのことに気づけるかどうかが、稼げる人と稼げない人との分かれ目です。
すぐれた商品があったとしても、その商品が偉いのではありません。
それを思いついた人がいるということに、感動し、衝撃を覚えるのです。

その時のキーワードは、「こう来たか」です。

私は博報堂でコマーシャルのプレゼンを通すのに苦労しました。

今でもコマーシャルを「面白いか」「面白くないか」という見方では見ません。

面白いコマーシャルを見ても、「よくプレゼン通したな。普通はボツだけどな。自分だったら、この企画をどうやって通すだろう」と考えます。

ここで「これはたぶんこうだな」という仮説が生まれます。

このCMをつくった人に会ったら、それを聞きたいのです。

仮説と質問の前に練習があります。

私はプレゼンの練習をさんざんしていました。

どんなにいい企画を出してもプレゼンに通らないからです。

コマーシャルの出来がいいとか悪いとかは、いっさい関係ありません。

「クライアントさんにはここをツッコまれる。その時、なんて切り返すかな」ということを単純に考えています。

テレビを見ていても、「ここはたぶんクライアントさんにヘンなツッコみをされて、仕方なくねじ曲げたんだな」ということまで、全部わかります。

それは現場で苦労してきたからです。

「そこからすると、凄いよね」ということがわかるのです。


面白いコマーシャルを思いつくことには、あまりびっくりしません。

それよりは、「これをよくプレゼン通したよね」ということにびっくりします。

面白い企画は、普通は通りません。

通るのは、たいていオーソドックスな企画です。

なかなか通らない面白い企画を通すのが、プロの仕事なのです。

人生のステージがアップする具体例

47

練習し、仮説を立て、質問しよう。

48

ホンモノを知ることで、稼げるようになる。

子どものころ、父親は私を多くの仕事場に連れて行きました。

父親とのふれあいの場で、私の第2ステージの基本ソフトが入りました。

「これはなんでこうなっているかわかるか」という質問が、父親との勉強です。

同じもので値段が違う時に、「なんで値段が違うと思う?」という質問が来ます。

何万円もするはさみもあれば、何百円のはさみもあるのです。

私の実家は染物屋なので、反物を切るはさみは、いいはさみです。

父親は、いいはさみは何が違うかを説明してくれました。

子どもを稼げるようにするには、プロの仕事を見せて、実際にプロの職人がつくっ

たものに触れさせたほうがいいのです。

私は子どもの時に、父親にロレックスをもらいました。

「ホンモノとは何か」ということを覚えさせるためです。

外国に行くと、ニセモノのロレックスがたくさん売られています。

ロケのお土産に道端で売っている500円のロレックスやカルチェを買っていきます。

ニセモノロレックスを新聞紙でくるんでくれます。

面白いので、笑えるお土産になっているのです。

ロレックスの見分け方は、たくさんあります。

私は、たとえロレックスが1000個あっても、手に握ることでホンモノかニセモノかが一瞬でわかります。

ホンモノのロレックスは、ベルトがクニャッとなって痛くないのです。

ロレックス特有の、中が詰まっている重みも感じます。

ニセモノは痛くて軽いのです。

見分け方を教えるというよりも、ホンモノを持たせたら、見分け方などいらなくなります。

ヒヨコのオス・メスを見分けるのと同じです。

これがプロの仕事なのです。

人生のステージがアップする具体例

48

ホンモノに、触れよう。

49 「こう来たか」は、プロセスの中に埋まっている。

稼ごうと思ったら、相手に「こう来たか」と思わせるような仕事をすることです。

それにはまず、ほかの人の仕事に対して「こう来たか」と感じる力が必要です。

ボーッとしている人は、プロの「こう来たか」に気づけません。

ビジネススクールで、「身のまわりの人の『こう来たか』と思えることはないか、探してごらん」と言っても、出てこないのです。

プロの「こう来たか」は、見えにくい形でやって来ます。

結果ではなく、プロセスの中に埋もれています。

「面白いコマーシャルにやられました」ということではありません。

あのコマーシャルのプレゼンを通すところに「こう来たか」があるのです。

売れた本があったら、売れた理由を徹底的に研究します。

「ここはよくできている」と感じ取る力があれば、自分の仕事にも「こう来たか」を出せるようになるのです。

人生のステージがアップする具体例

49

「こう来たか」に、気づこう。

50 稼げる人は、話の中身と話し方の両方を聞いている。

京大教授で火山学者の鎌田浩毅先生は、私の本をよく読んでくださっています。

鎌田先生が凄いのは、研究だけではなく、広報活動にも熱心なことです。

派手な服を着ているのは、目立つことでみんなに話を聞いてもらうためです。

京都で私の講演があった時に、鎌田先生は最前列に座って聞いてくれました。

私はいつも、笑いながらためになる話をしています。

ところが鎌田先生は、最前列で、ニコリともしないで、じーっと怖い顔で見ているのです。

「ヤバい。せっかく聞きに来てもらったのに、怒らせたわい」と思いました。

私は、講演が始まる前にホワイトボードに自分のアドレスを書いておきます。感想を送ってもらうためです。

講演が始まってホワイトボードを使う時は、それを消します。

その時に、「ゴメン、これ消していい？　オッ、いい字で書いてあるなあ」と言いながら消しました。

鎌田先生は「あれはやられました。あのひと言で会場の心をつかみました」と言っていました。

それが鎌田先生にとっての、私からの「こう来たか」です。

私は単に字が好きなので、そう言っただけです。

そのひと言で「この人の話を聞こう」と思ったという見方が、鎌田先生の凄さです。

普通の人は話の中身を聞きに来ます。

稼げる人は、話の中身と話し方の両方を聞いています。

元吉本興業の常務だった木村政雄さんは、独立して「有名塾」を立ち上げました。

講演で私の話を聞いた時に、「この人は作家だと思っていたけど、違うな」と思ったそうです。

木村さんも話し方を聞いていたのです。

その会場には米團治師匠も来られていました。

新聞に「落語家は勉強しないと、作家でしゃべりがこんなに面白い人が出て来たら勝てない」というコメントを書いてくださいました。

それ以来、米團治師匠の独演会がある時は楽屋に会いに行きます。

「こう来たか」と感動する力を持つことで、自分自身の「こう来たか」を出せるようになるのです。

人生のステージがアップする具体例

50

話し方を聞こう。

51

「勉強になりました」で、終わらない。

「こう来たか」は、大きなことではありません。

ささいなディテールの中に工夫があります。

サッカーでも野球でもラグビーでも、本当に知っている人は、普通の人が気づかないところに「今の凄いね」と気づけるのです。

これが、せっかく出会った時に「ありがとうございました。勉強になりました」で終わるかどうかの境目です。

本当に「こう来たか」と思っている時は、顔が笑っていません。

手品を見るような感動があります。

手品では異様なことが起こります。

コップの外にあった500円玉がコップの中にコリンと入るのです。

コップの外にあったコインが、いったん中に入って、また出てきても、結果は同じです。

一見、何も変わりません。

これがプロの仕事です。

その凄さに気づける人と気づけない人とがいるのです。

身のまわりには、そういうものがたくさんあります。

これがモノづくりの深さです。

凄いモノほど、「こんな凄いことをしている」というアピールはしません。

それにいかに気づくかということなのです。

人生のステージがアップする具体例

51

見えない凄さに気づこう。

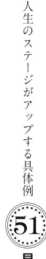

52

エピローグ

場所に行くのではなく、人に会いに行く。

私はホテルの研修の仕事をしています。

「どこのホテルが一番いいですか」という質問を多く受けます。

私は「○○のホテルに△△さんという人がいますから、会ってきたらどうですか」と答えます。

どこに行っても、建物があって、立派なインテリアがあります。

大切なのは、旅行でも学びでも、究極、場所ではなく、そこの人に会いに行くことです。

アメリカでは、「○○先生の授業を受けたいから、あの大学に行く」という選び方をします。

「偏差値が高いから東大に行く」という選び方はしません。

これからは、日本もそんな時代にどんどんなっていきます。

行った場所を自慢するよりも、そこに行って誰と会ったかです。

ホテルのレストランで、そこにいる人と話すことで出会いが生まれます。

レストランに行くと、ブログに載せるために料理の写真を撮ったり、シェフと肩を組んで写真を撮って満足する人が多いのです。

写真は残らなくてもいいのです。

たわいないことから始まっても、そこから何か1個でも学びを持って帰ることが大切です。

私は新入社員の時に接待の席に連れて行かれたことがあります。

「なんでこんな高い店に連れて来てもらっていると思う？　お前が接待されているんじゃないぞ。高い店で器と料理のレイアウトを見ろ。これからコマーシャルをつくる時に、これは覚えておかなくちゃいけない。これは仕事だ」と上司に言われました。

私は「ふだんはちゃらんぽらんな人なのに、なんでこんなちゃんとしたことを急に言うんだろう」と思いました。


私の伯父さんは骨董屋をしています。

彼は父親の本家の長男です。

伯父さんに呼ばれて行くと、抹茶を出されました。

伯父さんは「おまえはこれから社長の家に行く。おまえの仕事はそういう仕事だろう。社長室に入ったら、お茶をすぐ飲むな。お茶を見ないで茶器を見ろ。絵があったら絵を見ろ。掛軸があったら掛軸を見ろ」と言いました。

お茶を出されると、ついお茶を飲んで「おいしいですね」と言いがちです。

相手は茶器を見せるためにお茶を出しているのです。

「意外に深いことを言うな」と感服しました。

お通夜で一番大切なのは、故人のエピソードを語ることです。

エピソードは、故人から教わったことです。

それを語ることによって、その人が浮かび上がります。

その人からいろいろなことを教わったのです。

これが出会いです。

「いい人だった」で終わるのは、出会いになっていません。

その人のＤＮＡが、生き残った人の心の中に「学び」という形で残っていきます。

思い出とは学びです。

小学校の先生を思い出すのも、亡くなった人を思い出すのも、すべてはその人から学んだことが自分の中に入っているからです。

人から人へ文化が継承されていくのです。

人脈をお金にかえて、それで終わりではありません。

そのお金を、また人脈にかえるのです。

人脈をお金にかえるのは、そのお金を人脈に戻すためです。
人脈で稼いだお金は、人脈にお返しするのです。

人生のステージがアップする具体例

52

人脈で得たお金を、人脈にお返ししよう。

中谷彰宏主な作品一覧

『大人になってからもう一度受けたい コミュニケーションの授業』
（アクセス・パブリッシング）
『運とチャンスは「アウェイ」にある』
（ファーストプレス）
『「出る杭」な君の活かしかた』
（明日香出版社）
『大人の教科書』（きこ書房）
『モテるオヤジの作法２』（ぜんにち出版）
『かわいげのある女』（ぜんにち出版）
『壁に当たるのは気モチイイ　人生もエッチも』（サンクチュアリ出版）
『ハートフルセックス』【新書】
（KKロングセラーズ）
書画集『会う人みんな神さま』（DHC）
ポストカード『会う人みんな神さま』（DHC）

面接の達人（ダイヤモンド社）

『面接の達人　バイブル版』
『面接の達人　面接・エントリーシート問題集』

【あさ出版】
『「いつまでもクヨクヨしたくない」とき読む本』
『「イライラしてるな」と思ったとき読む本』
『「つらいな」と思ったとき読む本』

【きずな出版】
『ファーストクラスに乗る人の人間関係』
『いい女は「変身させてくれる男」とつきあう。』
『ファーストクラスに乗る人の人脈』
『ファーストクラスに乗る人のお金２』
『ファーストクラスに乗る人の仕事』
『ファーストクラスに乗る人の教育』
『ファーストクラスに乗る人の勉強』
『ファーストクラスに乗る人のお金』
『ファーストクラスに乗る人のノート』
『ギリギリセーーフ』

【ぱる出版】
『セクシーな男、男前な女。』
『運のある人、運のない人』
『器の大きい人、小さい人』
『品のある人、品のない人』

【リベラル社】
『一流の話し方』
『一流のお金の生み出し方』
『一流の思考の作り方』
『一流の時間の使い方』

『なぜいい女は「大人の男」とつきあうのか。』
（秀和システム）
『「学び」を「お金」にかえる勉強』
（水王舎）
『「お金持ち」の時間術』
（二見書房・二見レインボー文庫）
『服を変えると、人生が変わる。』
（秀和システム）
『なぜあの人は40代からモテるのか』
（主婦の友社）
『輝く女性に贈る 中谷彰宏の運がよくなる言葉』（主婦の友社）
『名前を聞く前に、キスをしよう。』
（ミライカナイブックス）
『ほめた自分がハッピーになる「止まらなくなる、ほめ力」』（パブラボ）
『なぜかモテる人がしている42のこと』
（イースト・プレス　文庫ぎんが堂）
『一流の人が言わない50のこと』
（日本実業出版社）
『輝く女性に贈る　中谷彰宏の魔法の言葉』
（主婦の友社）
『「ひと言」力。』（パブラボ）
『一流の男　一流の風格』（日本実業出版社）
『変える力。』（世界文化社）
『なぜあの人は感情の整理がうまいのか』
（中経出版）
『人は誰でも講師になれる』
（日本経済新聞出版社）
『会社で自由に生きる法』
（日本経済新聞出版社）
『全力で、１ミリ進もう。』（文芸社文庫）
『だからあの人のメンタルは強い。』
（世界文化社）
『「気がきくね」と言われる人のシンプルな法則』（総合法令出版）
『だからあの人に運が味方する。』
（世界文化社）
『だからあの人に運が味方する。（講義DVD付き）』（世界文化社）
『なぜあの人は強いのか』（講談社＋α文庫）
『贅沢なキスをしよう。』（文芸社文庫）
『３分で幸せになる「小さな魔法」』
（マキノ出版）

中谷彰宏主な作品一覧

『運が開ける勉強法』
『ラスト3分に強くなる50の方法』
『答えは、自分の中にある。』
『思い出した夢は、実現する。』
『習い事で生まれ変わる42の方法』
『面白くなければカッコよくない』
『たった一言で生まれ変わる』
『健康になる家　病気になる家』
『スピード自己実現』
『スピード開運術』
『20代自分らしく生きる45の方法』
『受験の達人2000』
『お金は使えば使うほど増える』
『大人になる前にしなければならない50のこと』
『会社で教えてくれない50のこと』
『学校で教えてくれない50のこと』
『大学時代しなければならない50のこと』
『昨日までの自分に別れを告げる』
『あなたに起こることはすべて正しい』

【PHP研究所】
『なぜランチタイムに本を読む人は、成功するのか。』
『なぜあの人は余裕があるのか。』
『中学時代にガンバれる40の言葉』
『叱られる勇気』
『40歳を過ぎたら「これ」を捨てよう。』
『中学時代がハッピーになる30のこと』
『頑張ってもうまくいかなかった夜に読む本』
『14歳からの人生哲学』
『受験生すぐにできる50のこと』
『高校受験すぐにできる40のこと』
『ほんのささいなことに、恋の幸せがある。』
『高校時代にしておく50のこと』
『中学時代にしておく50のこと』

【PHP文庫】
『もう一度会いたくなる人の話し方』
『お金持ちは、お札の向きがそろっている。』
『たった3分で愛される人になる』
『自分で考える人が成功する』
『大人の友達を作ろう。』
『大学時代しなければならない50のこと』

【大和書房】
『結果がついてくる人の法則58』

【だいわ文庫】
『「つらいな」と思ったとき読む本』
『27歳からのいい女養成講座』
『なぜか「HAPPY」な女性の習慣』
『なぜか「美人」に見える女性の習慣』
『いい女の教科書』
『いい女恋愛塾』
『やさしいだけの男と、別れよう。』
『「女を楽しませる」ことが男の最高の仕事。』
『いい女練習帳』
『男は女で修行する。』

【学研プラス】
『美人力』
『魅惑力』
『冒険力』
『変身力』
『セクシーなお金術』
『セクシーな会話術』
『セクシーな仕事術』
『口説きません、魔法をかけるだけ。』
『強引に、優しく。』

【阪急コミュニケーションズ】
『いい男をつかまえる恋愛会話力』
『サクセス&ハッピーになる50の方法』

『「超一流」の時間術』
『「超一流」の行動術』
『「超一流」の勉強法』
『「超一流」の仕事術』

【PHP研究所】
『[図解]お金も幸せも手に入れる本』
『もう一度会いたくなる人の聞く力』
『もう一度会いたくなる人の話し方』
『【図解】仕事ができる人の時間の使い方』
『仕事の極め方』
『【図解】「できる人」のスピード整理術』
『【図解】「できる人」の時間活用ノート』

【PHP文庫】
『中谷彰宏　仕事を熱くする言葉』
『入社３年目までに勝負がつく77の法則』
【オータパブリケイションズ】
『せつないサービスを、胸きゅんサービスに変える』
『ホテルのとんがりマーケティング』
『レストラン王になろう２』
『改革王になろう』
『サービス王になろう２』
『サービス刑事』

【あさ出版】
『気まずくならない雑談力』
『人を動かす伝え方』
『なぜあの人は会話がつづくのか』

【学研プラス】
『シンプルな人は、うまくいく。』
『見た目を磨く人は、うまくいく。』
『決断できる人は、うまくいく。』
『会話力のある人は、うまくいく。』
『片づけられる人は、うまくいく。』
『怒らない人は、うまくいく。』
『ブレない人は、うまくいく。』
『かわいがられる人は、うまくいく。』
『すぐやる人は、うまくいく。』

『一流の仕事の習慣』(ベストセラーズ)
『仕事は、最高に楽しい。』(第三文明社)
『「反射力」早く失敗してうまくいく人の習慣』(日本経済新聞出版社)
『伝説のホストに学ぶ82の成功法則』
(総合法令出版)
『富裕層ビジネス　成功の秘訣』
(ぜんにち出版)
『リーダーの条件』(ぜんにち出版)
『成功する人の一見、運に見える小さな工夫』
(ゴマブックス)
『転職先はわたしの会社』
(サンクチュアリ出版)
『あと「ひとこと」の英会話』(DHC)

恋愛論・人生論

【ダイヤモンド社】
『なぜあの人は逆境に強いのか』
『25歳までにしなければならない59のこと』
『大人のマナー』
『あなたが「あなた」を超えるとき』
『中谷彰宏金言集』
『「キレない力」を作る50の方法』
『お金は、後からついてくる。』
『中谷彰宏名言集』
『30代で出会わなければならない50人』
『20代で出会わなければならない50人』
『あせらず、止まらず、退かず。』
『明日がワクワクする50の方法』
『なぜあの人は10歳若く見えるのか』
『成功体質になる50の方法』
『運のいい人に好かれる50の方法』
『本番力を高める57の方法』

中谷彰宏主な作品一覧

ビジネス

【ダイヤモンド社】
『50代でしなければならない55のこと』
『なぜあの人の話は楽しいのか』
『なぜあの人はすぐやるのか』
『なぜあの人の話に納得してしまうのか[新版]』
『なぜあの人は勉強が続くのか』
『なぜあの人は仕事ができるのか』
『なぜあの人は整理がうまいのか』
『なぜあの人はいつもやる気があるのか』
『なぜあのリーダーに人はついていくのか』
『なぜあの人は人前で話すのがうまいのか』
『プラス1%の企画力』
『こんな上司に叱られたい。』
『フォローの達人』
『女性に尊敬されるリーダーが、成功する。』
『就活時代しなければならない50のこと』
『お客様を育てるサービス』
『あの人の下なら、「やる気」が出る。』
『なくてはならない人になる』
『人のために何ができるか』
『キャパのある人が、成功する。』
『時間をプレゼントする人が、成功する。』
『ターニングポイントに立つ君に』
『空気を読める人が、成功する。』
『整理力を高める50の方法』
『迷いを断ち切る50の方法』
『初対面で好かれる60の話し方』
『運が開ける接客術』
『バランス力のある人が、成功する。』
『逆転力を高める50の方法』
『最初の3年その他大勢から抜け出す50の方法』
『ドタン場に強くなる50の方法』
『アイデアが止まらなくなる50の方法』
『メンタル力で逆転する50の方法』
『自分力を高めるヒント』
『なぜあの人はストレスに強いのか』
『スピード問題解決』
『スピード危機管理』
『一流の勉強術』
『スピード意識改革』
『お客様のファンになろう』
『大人のスピード時間術』
『なぜあの人は問題解決がうまいのか』
『しびれる仕事をしよう』
『しびれるサービス』
『大人のスピード説得術』
『お客様に学ぶサービス勉強法』
『大人のスピード仕事術』
『スピード人脈術』
『スピードサービス』
『スピード成功の方程式』
『スピードリーダーシップ』
『大人のスピード勉強法』
『一日に24時間もあるじゃないか』
『出会いにひとつのムダもない』
『お客様がお客様を連れて来る』
『お客様にしなければならない50のこと』
『30代でしなければならない50のこと』
『20代でしなければならない50のこと』
『なぜあの人の話に納得してしまうのか』
『なぜあの人は気がきくのか』
『なぜあの人はお客さんに好かれるのか』
『なぜあの人は時間を創り出せるのか』
『なぜあの人は運が強いのか』
『なぜあの人にまた会いたくなるのか』
『なぜあの人はプレッシャーに強いのか』

【ファーストプレス】
『「超一流」の会話術』
『「超一流」の分析力』
『「超一流」の構想術』
『「超一流」の整理術』

「本の感想など、どんなことでも、
あなたからのお手紙をお待ちしております。
僕は、本気で読みます。」

中谷彰宏

〒160-0023　東京都新宿区西新宿6-15-1 ラ・トゥール新宿511
水王舎気付　中谷彰宏行
※食品、現金、切手などの同封は、ご遠慮ください（編集部）

中谷彰宏は、盲導犬育成事業に賛同し、この本の印税の一部を（財）日本盲導犬協会に寄付しています。

【著者略歴】
中谷彰宏　（なかたに・あきひろ）
1959年、大阪府生まれ。早稲田大学第一文学部演劇科卒業。84年、博報堂に入社。CMプランナーとして、テレビ、ラジオCMの企画、演出をする。91年、独立し、株式会社中谷彰宏事務所を設立。ビジネス書から恋愛エッセイ、小説まで、多岐にわたるジャンルで、数多くのロングセラー、ベストセラーを送り出す。「中谷塾」を主宰し、全国で講演・ワークショップ活動を行っている。
■公式サイト　http://www.an-web.com/

「人脈」を「お金」にかえる勉強

2016年２月10日　第一刷発行
2016年２月25日　第二刷発行
著　者　中谷彰宏
発行人　出口 汪
発行所　株式会社 水王舎
〒160-0023
東京都新宿区西新宿6-15-1 ラ・トゥール新宿511
電話　03-5909-8920
本文印刷　慶昌堂印刷
カバー印刷　歩プロセス
製本　ナショナル製本
ブックデザイン　井上祥邦

ISBN978-4-86470-037-5 C0095